Diogenes Taschenbuch 22440

AF197114

RALPH WALDO EMERSON, geboren am 25. Mai 1803 in Boston, wurde, wie fast alle in seiner Familie, Pastor. Doch der Tod seiner jungen Frau Ellen Louisa Tucker und eine gleichzeitige Lebenskrise ließen in ihm die Erkenntnis reifen: »Wer ein Mensch sein will, der muß Nonkonformist sein.« 1834 ließ er sich im Städtchen Concord nieder und schrieb dort, inspiriert durch einsame Waldspaziergänge, seine Essays nieder, die ihn zu einem der bekanntesten Naturphilosophen Amerikas machten. Er starb 1882 in Concord, das durch ihn zu einem geistigen Zentrum der USA geworden war.

Ralph Waldo Emerson

Von der Schönheit des Guten

*Betrachtungen und
Beobachtungen*

*Aus dem amerikanischen Englisch
von Egon Friedell*

*Mit einem Vorwort von Egon Friedell
und einem Nachwort
von Wolfgang Lorenz*

Diogenes

Die Originalausgabe erschien 1906 in Stuttgart
unter dem Titel ›Emerson. Sein Charakter aus seinen Werken‹
Die vorliegende Ausgabe erscheint
mit freundlicher Genehmigung von Frau Annemarie Kotab
Covermotiv: Gemälde von Adriaen Coorte,
›Erdbeeren und Stachelbeeren‹, um 1690

In Fragen zur Produktsicherheit (GPSR):
truepages UG (haftungsbeschränkt)
Westermühlstraße 29, 80469 München
info@truepages.de
ASR/24/852/13
ISBN 978 3 257 22440 5

Inhalt

Vorwort

In Emersons Lebenslauf war nichts von dem, was die Franzosen *la vie à grande vitesse* nennen. Nie betrat er die Bühne der großen Welt, nie war er in Kriegsabenteuer, politische Aktionen, spannende Liebesgeschichten, interessante psychologische Konflikte verwickelt. Sein Leben hatte gar nichts Romanhaftes und Romantisches. Selbst wenn es erlaubt wäre, von der Wahrheit der Tatsachen abzuweichen und seine Lebensgeschichte phantastisch auszuschmükken, müßte die beweglichste und reichste Einbildungskraft an einer solchen Aufgabe versagen. Denn die Grundeigenschaft, die Emerson als Mensch wie als Schriftsteller in gleichem Maße kennzeichnete, war eine ungeheure Selbstverständlichkeit, zu der alle aufregenden, auffallenden und überraschenden Züge nicht passen wollen.

Nur wenigen Menschen kann man die Ehre erweisen, daß man sie mit einer Pflanze, einem Kristall oder einem Bergstrom vergleicht. In der Entwicklung fast aller Menschen sind Sprünge, Risse, unorganische Beimengungen, Gewolltheiten. Statt ihre natürlichen Lebensbedingungen begierig aufzusuchen, streben sie danach, sie willkürlich zu verändern. In Emersons Biographie finden wir nichts von alledem. Sein Leben floß mit der einfachen und ausgeglichenen Richtkraft eines Stromes dahin, der sich selbst sein Bett gräbt und durch die natürlichen Fallgesetze seinen Lauf bestimmt.

Ralph Waldo Emerson wurde am 25. Mai 1803 in Boston geboren. Sein Vater William Emerson war dort Prediger an der »Ersten Kirche«; seine Mutter hieß Ruth und war eine geborene Haskins. Fast alle Emersons sind Prediger gewesen, und obgleich Emerson schon sehr früh einen gewissen Abscheu gegen allen theologischen und kirchlichen Formalismus faßte, so ist ihm doch sein ganzes Leben hindurch ein gewisser pastoraler Grundzug treugeblieben, nämlich das leidenschaftliche Bedürfnis, sich allen Klassen der Gesellschaft durch Rede und Schrift einleuchtend mitzuteilen und auf weite Kreise belehrend und fördernd einzuwirken.

Die Gaben, die Emerson später eine so glänzende und eindrucksvolle Wirksamkeit ermöglichten, waren im Vater bereits vorgebildet, der nicht nur als Redner berühmt war, sondern auch als Verfasser einer Geschichte seiner Kirche, als Herausgeber einer Sammlung von Kirchenliedern und als Verleger der Zeitschrift »Monthly Anthology« eine geachtete schriftstellerische Tätigkeit entwickelte. Er war von heiterem und geselligem Naturell, hatte für die literarischen und künstlerischen Fragen der Zeit ein lebhaftes und verständnisvolles Interesse und stellte sich in seinen theologischen Überzeugungen gegen die calvinistische Reaktion auf die Seite der freidenkerischen Partei, indem er den Schwerpunkt der christlichen Lehre von der Dogmatik in die Ethik verlegte.

Pastor William Emerson starb im Mai 1811. Die Witwe wäre mit ihren fünf Jungen, deren ältester zehn Jahre alt war, der Not ausgesetzt gewesen, wenn die Kirche nicht das volle Gehalt sechs Monate weitergezahlt und sich außerdem für die nächsten sieben Jahre zu einer Rente von 500

Dollars verpflichtet hätte. Immerhin war die finanzielle Lage der Familie ziemlich ungünstig, und Mrs. Emerson mußte eine Pension aufmachen.

Ralph Waldo besuchte schon mit drei Jahren den Kindergarten und lernte lesen. Dann kam er in die Elementarschule des Mr. Lawson Lyon, zog es jedoch häufig vor, die Schulzeit auf der Gemeindewiese zu verbringen. Im Jahre 1813 trat er in die lateinische Schule ein, wo er seine Vorbereitung zur Universität empfing. Neben der Mutter war damals Tante Mary Moody Emerson die wichtigste Person im Hause, eine echt amerikanische Figur, voll Schrullen und Querköpfigkeiten, aber von ausgezeichneter Geistes- und Charakterbildung. Sie scheint bei aller persönlicher Güte ein ziemlich strenges Regiment geführt zu haben, denn sie hielt bei den Kindern mehr auf die Beschäftigung mit Büchern als auf die Spiele im Freien. In der Tat erwarben sich auch die Jungen sehr früh eine große Belesenheit. Die moralischen Grundsätze, die sie den Knaben einschärfte, hatten einen puritanisch-stoischen Zug und übten eine große Wirkung auf Emerson, der noch in späten Jahren Tante Marys Lieblingswahlspruch: »Tut stets das, wovor ihr euch fürchtet«, zu zitieren pflegte.

In der lateinischen Schule fing Emerson bereits an zu dichten, aber nicht besonders gut. Dagegen kam er im Lernen gut vorwärts, nur in der Mathematik nicht. Gegen Ende des Jahres 1814 machte sich die Geldnot in der Familie besonders drückend fühlbar, und Dr. Ezra Ripley lud die notleidenden Freunde in sein Haus in Concord. Concord (in Massachusetts, Middlesex) hat in der Familiengeschichte der Emersons immer eine große Rolle gespielt, und es sollte auch für Emerson selbst bedeutsam werden. Eine gewisse historische Berühmtheit hat der Ort dadurch erlangt, daß seine Einwohner am 19. April 1775 den Engländern den ersten bewaffneten Widerstand leisteten und hierdurch das Signal zum nordamerikanischen Befreiungskrieg gaben. Unter den Aufständischen befand sich auch Emersons Großvater, der in Concord Prediger war: er machte den Feldzug als Geistlicher mit und starb als ein Opfer des Krieges an der Malaria.

Vorläufig blieb Emerson jedoch nur ein halbes Jahr in Concord, wo er die Schule besuchte und wieder fleißig dichtete und deklamierte. Die weiten Maisfelder, die alten Eichen und Birken und der wilde Fluß waren für ihn neue und anziehende Dinge und weckten in ihm jenen tiefen und warmen Natursinn, der ihn sein ganzes ferneres Leben hindurch bei allen seinen Gedanken und Handlungen leiten sollte.

Im Sommer 1815 kehrte er nach Boston zurück, wo er sich weiter auf die Universität vorbereitete. Die Kosten des Haushaltes mußten durch Nachhilfestunden, Stipendien und Preisarbeiten aufgebracht werden. Im Jahre 1817 bezog er die Harvard-Universität, neben seinen Studien fortwährend mit allerlei schriftstellerischen Übungen: Tagebüchern, Aufsätzen, Gedichten und Vorträgen beschäftigt. 1821 bestand er das erste Examen mit mäßigem Erfolg.

Inzwischen hatte der um zwei Jahre ältere Bruder William in Boston eine »finishing-school« für junge Damen eröffnet und berief Ralph Waldo zur Mitarbeiterschaft. Emerson leistete dem Ruf bereitwillig Folge und oblag vier Jahre lang einem Beruf, zu dem er weder Neigung noch

Fähigkeiten besaß. Zu seiner angeborenen Schüchternheit, die sich dem weiblichen Geschlecht gegenüber noch in erhöhtem Maße geltend machte, kam das natürliche Bewußtsein, daß er selbst noch ein Lernender sei. So gab er denn im Jahre 1825 den Unterricht endgültig auf, nachdem William schon ein Jahr vorher nach Göttingen gegangen war, um Theologie zu studieren.

In das Jahr 1825 fällt auch die erste Lektüre Montaignes. Emerson las die *Essays* zunächst in Cottons Übersetzung und fühlte sich aufs nachhaltigste ergriffen. In der Tat hat kaum ein zweiter Schriftsteller – selbst Plato nicht – einen so dauernden Einfluß auf Emersons Denk- und Ausdrucksweise genommen wie Montaigne. Die lockere Form der Darstellung, die zwanglos die verschiedenartigsten Gedanken aneinanderreiht, die derbe, bildkräftige Sprache, die Lebendigkeit und Wirklichkeitstreue der Schilderung, die unerschütterliche Wahrheitsliebe, der leidenschaftliche Drang, durch den Schleier der oberflächlichen Alltagsmeinungen und kritiklosen Überlieferungen an den wahren Kern aller Lebensverhältnisse zu dringen – dies alles sind schriftstellerische Charakterzüge, die Emerson und Montaigne in gleichem Maße eigen sind. So konnte denn auch Emerson nach vollendeter Lektüre sagen: »Es war mir, als hätte ich selbst in irgend einer Präexistenz dieses Buch geschrieben.« Damals war es auch, daß er zum erstenmal den Gedanken der *Ausgleichung*, der sich durch alle seine Werke zieht, mit voller Deutlichkeit erfaßte.

Er machte nun einen theologischen Kurs durch und hielt in Waltham seine erste Predigt. Dann ging er nach Chelmsford, wo er akademische Vorträge hielt. Indes zeigte sich schon damals, daß seine zarte Gesundheit den Anstrengungen des vielen und andauernden Redens nicht gewachsen war. Im Herbst 1826 wurde er als Prediger approbiert, mußte aber wegen eines Lungenleidens nach dem Süden gehen. Als er sich nach seiner Rückkehr noch nicht völlig hergestellt fühlte, beschloß er, sich Schonung aufzuerlegen, mietete sich ein Zimmer in Divinity-Hall und lebte dort länger als ein Jahr nur seinen Studien. Er las Hume und Coleridge, vertiefte sich in die Schriften Swedenborgs und lernte aus englischen Zeitschriften die Aufsätze Thomas Carlyles kennen, die sein höchstes Interesse erweckten. Ende 1827 verlobte er sich mit Ellen Tucker, und fast gleichzeitig erhielt er einen Ruf an die »Zweite Kirche« in Boston. Die Trauung fand im Herbst 1829 statt, aber schon nach anderthalbjähriger Ehe starb Ellen an der Auszehrung.

Doch auch seine Amtstätigkeit sollte seine Ehe nicht lange überdauern. Obgleich er zu seiner Gemeinde sehr bald in eine sehr herzliche und vertraute Beziehung trat, so meldeten sich doch ebenso schnell ernste innere Konflikte, die ihm die regelmäßige Ausübung des Predigerberufes unmöglich machten. Zunächst empfand er die Aufgabe des pflichtmäßigen Betens, die immer von neuem an ihn herantrat, als widersinnig und unnatürlich. Sodann aber machten sich auch ernste Bedenken gegen die kirchlichen Formen geltend, in die der Gottesdienst eingekleidet war. Emerson fand, daß es nicht am Platze sei, an gewissen rein historischen Vorstellungen und Gebräuchen festzuhalten, die dem Menschen der Gegenwart nichts zu sagen haben. Er machte daher seiner Gemeinde den Vorschlag, vom

Gebrauch von Brot und Wein abzusehen und sich lediglich an die symbolische Bedeutung dieser Handlung zu halten. Viele von den Gemeindemitgliedern waren bereit, diese Reform anzunehmen, während die Konservativeren diesem Vorschlag einen sehr natürlichen Widerstand entgegensetzten. Die Kirchenbehörde verbot denn auch die Einführung der Neuerung, und nachdem Emerson seine Pflichten und Bedenken noch einmal ernstlich in Erwägung gezogen hatte, legte er sein Amt nieder. Er setzte sich mit seinen Vorgesetzten und seinen Pfarrkindern ohne allen Groll auseinander und schied in größter Eintracht. Laute Skandalszenen waren niemals im Stil Emersons: es lag ihm immer nur daran, bestimmte geistige und sittliche Wahrheiten zu finden und nach ihnen zu leben; die Reklame des Revolutionärs oder Märtyrers schien ihm nie erstrebenswert.

Für sein Ausscheiden aus dem Amte mögen jedoch noch tiefere Beweggründe maßgebend gewesen sein. Einer so durchaus introspektiven, ganz auf sich selbst gestellten Natur wie Emerson konnte keine bürgerliche Berufstätigkeit auf die Dauer genügen; alle äußeren Handlungen konnten für ihn nichts anderes sein als ebensoviele Ablenkungen von seinen wahren Aufgaben. Nach allerlei Fehlgriffen und mißglückten Versuchen hatte er nun endlich erkannt, was sein wahrer Beruf sei: daß er dazu bestimmt sei, als ein klarer und aufrichtiger Beobachter durch die Natur und die Menschen zu gehen und in freier Muße seine Ergebnisse aufzuzeichnen. Und von diesem Augenblick an hat er nie mehr etwas getan, wozu er nicht ein tiefinnerliches Bedürfnis fühlte, obschon er niemals auf das Recht verzichtet hat, seine Beobachtungen den Menschen in Büchern und Vorträgen öffentlich mitzuteilen.

Da sein Gesundheitszustand wieder etwas bedenklicher wurde, unternahm er zunächst eine Reise nach Europa. Er sah Sizilien, Neapel, Rom, Florenz. Aber die alten Bilder und Paläste hatten ihm nicht viel zu sagen; er wußte, daß die Mission seines Lebens nicht die Bewunderung alter, sondern die Verkündigung neuer Dinge sei, und ganz unbefriedigt ging er durch die römischen Ruinen. Er begab sich nach England, und dort hatte er das einzige Reiseerlebnis, das ihm tief ging: er machte die Bekanntschaft Carlyles, die der Anfang einer langen und ungetrübten Freundschaft sein sollte. Obgleich die beiden Männer sich in ihrem Leben nur sehr selten sehen konnten und hauptsächlich auf den Briefverkehr beschränkt waren, so bestand doch von allem Anfang an zwischen ihnen eine tiefbegründete Wahlverwandtschaft, die auch ihre künstlerischen und wissenschaftlichen Überzeugungen durchdrang und für jedermann klar ist, der Carlyles *On Hero-worship* mit Emersons *Representative Men* (*Repräsentanten der Menschheit*, detebe 21696) vergleicht. Indes hat es sich hier weniger um eine Beeinflussung des einen durch den andern, als um eine wirkliche innere Solidarität gehandelt.

Schließlich war aber Emerson doch froh, als er seinen Fuß wieder auf amerikanischen Boden setzen konnte. Er blieb zunächst einige Zeit in Boston, wo er mit einigen hervorragenden Quäkern in Beziehung trat, deren Verkehr nicht ohne Einfluß auf ihn blieb. Ein gewisser Zug zum Puritanismus war Emerson durch Geburt, Neigung und Erziehung stets eigen.

Ende 1834 zog er mit seiner Mutter nach Concord, wo er sich ein Haus und einen Garten kaufte. Auch die gute Tante Mary war wieder da, und in Lydia Jackson fand er eine Lebensgefährtin. In Concord, dem Städtchen, das vor zweihundert Jahren von seinen Vorfahren gegründet worden war, blieb er den ganzen Rest seines Lebens, und hier hat er sein Lebenswerk begonnen und vollendet. Von nun an verlief sein Dasein noch stiller und unauffälliger als bisher. Er hatte den archimedischen Punkt gefunden, von dem aus er die Welt in Bewegung setzen konnte, und er brauchte nun bloß noch die Muße, den Frieden eigenen Nachdenkens und den Verkehr mit einfachen Menschen und der Natur. Beides fand er in Concord in reichem Maße. Die einsamen Spaziergänge im Walde gaben ihm frische Kraft und Anregung: seine Gedanken sind alle »Kinder des Waldes«, wie er selbst sie genannt hat. Am liebsten sprach er mit Fuhrleuten und Handwerkern, denn er erkannte die verborgene Weisheit, die in den Reden solcher Menschen liegt. Seine Beobachtungen schrieb er in Tagebücher, die er mit Inhaltsverzeichnissen versah und für seine Reden und Essays verwandte. Daneben war er eifrig in seinem Garten tätig, aber mit weit geringerer Geschicklichkeit.

An den politischen und wirtschaftlichen Kämpfen Amerikas hat er sich bis zu einem gewissen Grade beteiligt. Er trat entschieden für den Freihandel ein, und in dem hartnäckigen Kampf, den die Nordstaaten gegen das Sklavereisystem der Südstaaten führten, stellte er sich natürlich auf die Seite der Abolitionisten. Er schrieb auch eine Abhandlung *The Emancipation of the Negroes in the British West Indies* und hielt eine Rede auf den Tod des Präsidenten

Lincoln. Aber im Grunde fühlte er doch, daß seine Lebensaufgabe auf einem anderen Felde liege und daß er andere Sklaven zu befreien habe, nämlich »gefangene Geister und gefangene Gedanken«.

Sein Aufenthalt in Concord wurde nur durch alljährliche ziemlich anstrengende Vortragsreisen und zwei Reisen nach Europa unterbrochen. Die erste dieser beiden Europareisen machte er 1848 nach England, wo er Vorlesungen über »The mind and manners of the nineteenth century« hielt; die zweite fiel in den Winter 1872/73. Im vorhergegangenen Juli brannte nachts plötzlich sein Haus nieder. Seine Freunde rieten ihm, zur Wiederherstellung seiner durch die nächtlichen Löscharbeiten angegriffenen Gesundheit nach Italien und Ägypten zu reisen: der wahre Grund war, daß sie während seiner Abwesenheit das Haus heimlich wiederaufbauen wollten. Er sah auf dieser Reise zum letzten Mal seinen alten Freund Carlyle, der sich jedoch in recht gedrückter und trübseliger Stimmung befand. Als er mit seiner Tochter Ellen, die ihn begleitet hatte, nach Concord zurückkam, läuteten alle Glocken, und die ganze Stadt war auf dem Bahnhof versammelt.

In den letzten zehn Jahren seines Lebens gingen seine geistigen Kräfte sichtlich zurück, und dies legte ihm den Wunsch nahe, durch Mr. James Elliot Cabot eine Gesamtausgabe seiner Werke veranstaltet zu sehen. Dieser erklärte sich sofort bereit und entledigte sich seiner Aufgabe in mustergültiger Weise. Die Ausgabe erschien nach Emersons Tod bei Routledge in London. Sie ist den nachfolgenden Übersetzungen zugrundegelegt.

1867 wurde Emerson zum Inspektor der Harvard-Universität ernannt, 1875 wurde er Mitglied der französischen Akademie. Bis 1880 hielt er immer noch einige Wintervorträge, und noch im April 1882 wohnte er dem Leichenbegängnis Longfellows bei. Wenige Tage später stellte sich wieder die alte Lungenentzündung ein. Er legte sich zu Bett, blieb aber heiter und geistig frisch. Am Nachmittag des 27. April stellten sich einige Schmerzen ein, die sein Sohn Edward Waldo, der ihn behandelte, durch Äthereinspritzungen linderte. Gegen Abend schlief er ein und starb kurz darauf völlig ruhig und schmerzlos.

Diese kurzen Umrisse geben uns die wichtigsten äußeren Tatsachen, die Emersons Lebensgang aufzuweisen hat. Seine wahre Lebensgeschichte ist jedoch nicht in diesen belanglosen und dürftigen Daten, sondern in seinen Tagebüchern, den unerschöpflichen Magazinen, aus denen er für sich und andere Belehrung, Trost und Anregung holte.

Das Lebenswerk eines Denkers gleicht einem lebensgroßen Gemälde seiner Persönlichkeit.

Auf den nachfolgenden Seiten ist nun der Versuch gemacht worden, von dem lebensgroßen Bild, das uns aus der schriftstellerischen Gesamtleistung Emersons entgegentritt, eine verkleinerte Kopie herzustellen, die das Verhältnis, das die einzelnen Teile zueinander haben, nicht willkürlich verändert, sondern nur die Linien des Ganzen möglichst gewissenhaft verkürzt. In einem derartigen Verkleinerungsverfahren liegt besonders bei Emerson nichts Gewaltsames, denn es handelt sich hier nur um ein Zurückgehen auf die Urform.

Das Material, aus dem Emerson seine Essays und Reden

zusammenstellte, bestand aus kurzen Tagebuchnotizen, die er auf lose Blätter schrieb. Als lose Blätter erscheinen seine Gedanken nun wieder vor den Augen des Lesers.

Auf ein Stichwörterverzeichnis mußte bei Emerson verzichtet werden. Der höchst allgemeine, man möchte fast sagen: lyrische Charakter seines Denkens macht es unmöglich, die einzelnen Aphorismen mit bestimmten Schlagwörtern zu versehen. Es sind daher lediglich einige allgemeine Überschriften in den Text eingestreut worden, die den wesentlichen Inhalt der einzelnen Aphorismengruppen ungefähr bezeichnen; aber es muß betont werden, daß selbst diese Einteilung eine ziemlich vage und mehr oder weniger willkürliche und unorganische ist und daß sie nur gemacht wurde, um dem Leser wenigstens einigermaßen eine Orientierung zu ermöglichen. In Wirklichkeit handelt es sich um einen fortlaufenden Text, der die verschiedenartigsten Betrachtungen und Beobachtungen tagebuchartig aneinanderreiht. Carlyle hat Emersons Schriften höchst treffend »a true soul's soliloquy« genannt, und nur wenn sie so gelesen werden, können sie richtig verstanden und genossen werden.

Eine kritische Würdigung der vielseitigen philosophischen Wirksamkeit Emersons können wir uns an diesem Orte ersparen: wer er ist, das steht auf den folgenden Blättern und redet dort eine genügend deutliche Sprache. Es wäre auch ein zweckloser Versuch, wenn man ihm Anhänger gewinnen wollte, denn wer nicht aus jeder Zeile, die er geschrieben hat, den Ton der bezwingenden Güte und leidenschaftlichen Aufrichtigkeit spürt, für den hat Emerson nicht geschrieben. Emerson wirkt wie eine Naturerscheinung. Wie ein Stück Erde, ein Baum oder eine Landschaft, bedarf er weder der Erklärung noch des Lobes. Zur Freude an der Natur kann man niemand überreden, zur Freude an Emerson auch nicht.

Seine Gedanken sind heute für uns jung, denn sie kommen aus einem Weltteil, der sich rascher und unter anderen Bedingungen entwickelt hat als der unsrige. Aber sie werden auch in späteren Zeiten niemals altern und den Zeitgeschmack überdauern, denn Emerson schöpft aus zwei Quellen, die immer frisch bleiben: aus der Natur und aus seinem Herzen. Daher hat er allen Menschen und allen Zeiten etwas zu sagen, und er hat so wenig mit der Mode etwas zu schaffen, wie die übrigen seltenen Männer seiner Art, die von Zeit zu Zeit erscheinen, um das Wort Vauvenargues' zu bewahrheiten: »Les grandes pensées viennent du cœur.«

Egon Friedell

An den Leser

1. Der Schöpfer des guten Buches ist der gute Leser. Ein guter Kopf wird nichts nutzlos lesen: in jedem Buche findet er vertrauliche Mitteilungen und Seitenbemerkungen, die allen anderen verborgen bleiben und die zweifellos nur für sein Ohr bestimmt sind. Jeder muß die Kunst des guten Lesens für sich neu entdecken. Es gibt ebensogut ein schöpferisches Lesen, wie es ein schöpferisches Schreiben gibt. s

2. Ich nehme gar keinen Anstand, alle guten Bücher in Übersetzungen zu lesen. Alles, was an einem Buch wirklich hervorragend ist, das ist auch übersetzbar: – jede wirkliche Einsicht, jedes tiefe menschliche Gefühl. Wenn ich alle ausländischen Bücher, die schon in meine Muttersprache übertragen wurden, im Original lesen wollte, so wäre das geradeso, wie wenn ich über den Charles River *schwimmen* wollte, um nach Boston zu kommen. BKS

3. Um keinen meiner Leser durch meinen Eigensinn und meine Launenhaftigkeit irrezuführen, möchte ich darauf aufmerksam machen, daß ich nur ein Experimentierer bin. Legt nicht den geringsten Wert auf das, was ich tue, und setzt nicht das geringste Mißtrauen in das, was ich nicht tue; denn das würde so aussehen, als ob ich von irgend einer Sache feststellen wollte, daß sie wahr oder falsch sei. Ich

will aber im Gegenteil gar nichts feststellen, sondern alles verrücken. Keine Tatsache ist mir heilig, keine Tatsache ist mir profan. Ich stelle ganz einfach Versuche an, als ein endloser Sucher, der keine Vergangenheit im Rücken hat. cc

4. Eine ganz verkehrte Konsequenz ist der Kobold, der in kleinen Köpfen spukt und von kleinen Staatsmännern, Philosophen und Theologen angebetet wird. Mit Konsequenz hat eine große Seele einfach gar nichts zu schaffen, sie könnte sich geradesogut mit ihrem Schatten an der Wand befassen. Heute sprich in scharfen Worten aus, was du heute denkst, und morgen sprich in ebenso scharfen Worten aus, was du morgen denkst, auch wenn es in jedem Punkte dem widerspricht, was du heute gesagt hast. – »Ah, dann wirst du aber sicher mißverstanden werden.« – Aber ist es denn so schlimm, mißverstanden zu werden? Pythagoras wurde mißverstanden, und Sokrates wurde mißverstanden und Jesus und Luther und Copernicus und Galilei und Newton und jeder weise und reine Geist, der jemals Fleisch und Blut geworden ist. Groß sein heißt mißverstanden werden. sr

5. Obgleich diese ewige Geschwätzigkeit im Ratgeben uns angeboren ist, so muß ich dennoch gestehen, daß wir aus dem Leben mehr Verwunderung als Belehrung ziehen. Es greift soviel Schicksal, soviel unüberwindliche Macht des Temperaments und unbekannter Eingebung in unser Leben ein, daß es zweifelhaft erscheint, ob wir aus unserer eigenen Erfahrung irgend etwas sagen können, womit einem anderen gedient ist. Alle Berufe sind schüchterne

und zuwartende Betätigungen. Der Geistliche ist froh, wenn seine Predigten und Unterredungen der Seelenverfassung eines einzigen Menschen entgegenkommen. Sind es zwei, sind es zehn, so ist das schon ein außerordentlicher Erfolg. Aber er ging zur Kirche, ohne die geringste sichere Aussicht darauf, daß er die Krankheit erkennen oder heilen werde. Der Arzt verschreibt zögernd einem neuen und eigenartigen Organismus dieselbe alte belebende oder beruhigende Arznei, die er mit wechselndem Erfolg schon bei ein paar hundert Menschen vorher angewendet hat; er ist erfreut und überrascht, wenn der Patient gesund wird. Der Rechtsanwalt gibt dem Klienten seine Ratschläge und erläutert dem Gerichtshof den Fall, das Übrige überläßt er den Richtern, und er ist nicht weniger froh und erleichtert als sein Klient, wenn es zu einem Freispruch kommt. Der Richter wägt die Beweisgründe und geht tapfer an den Prozeß heran, und da doch nun einmal eine Entscheidung gefällt werden muß, so entscheidet er, so gut er kann, und hofft Gerechtigkeit geübt und dem Gemeinwohl Genüge getan zu haben. Aber im Grunde genommen ist auch er nur ein Advokat. Und so ist alles Leben nichts anderes als ein zaghafter und ungeschickter Beobachter. Wir tun, was wir müssen, und nennen es bei den besten Namen. Wir haben es sehr gerne, wenn wir für unsere Taten gepriesen werden, aber unser Gewissen sagt uns: »Nicht an uns lag es.« Wir können sehr wenig für einander tun. Wir begleiten den Jüngling mit Wohlwollen und mannigfachen alten Weisheitssprüchen an das Tor der Arena, aber es ist sicher, daß er nicht durch unsere Kraft oder durch die Kraft der alten Sprüche, sondern nur durch seine eigene Kraft, die uns und allen anderen unbekannt ist, stehen oder fallen wird. Das, wodurch ein Mensch auf irgend einem Gebiete siegt, ist ein tiefes Geheimnis für jeden anderen auf der Welt. Und er kann es nur dann zu etwas Rechtem bringen, wenn er uns und allen Übrigen den Rücken kehrt und sich nur auf seine höchstpersönliche Weisheit verläßt. Was wir daher vom Leben aussagen können, ist weniger eine sichere Regel als eine Beschreibung oder, wenn man will, eine Verherrlichung. cw

Illusionen

6. Siehst du diese kleine Katze, die auf ihren Schwanz Jagd macht? Wenn du mit ihren Augen sehen könntest, so würdest du bemerken, daß sie von Hunderten von Figuren umgeben ist, die ein verwickeltes Drama aufführen, mit tragischem und komischem Ausgang, langen Dialogen, vielfältigen Charakteren und aufregendem Hin und Her. Und es ist doch nur die Mieze und ihr Schwanz. Wie lange wird unsere Maskerade mit ihrem Tamtam von Getrommel, Jauchzen und Gelächter noch andauern, bis wir erkennen, daß sie eine bloße Solonummer war? Ein Subjekt und ein Objekt: genau so viel bedarf es, um den galvanischen Strom zu schließen. Es ist hier und dort gleich viel Größe. Was macht es aus, ob es sich um Kepler und das Himmelsgewölbe handelt, um Kolumbus und Amerika, um den Leser und sein Buch oder um die Katze und ihren Schwanz?   E

7. Jedes Schiff ist ein romantischer Gegenstand, solange wir nicht darin sitzen. Steige hinein, und die Romantik flieht dein Fahrzeug und hängt sich an das Segel des nächsten Schiffes. Unser Leben erscheint uns trivial, und wir scheuen die Erinnerung daran. Der Mensch scheint vom Horizont gelernt zu haben, der auch die Kunst besitzt, immer zurückzuweichen und sich immer auf andere zu beziehen.   E

8. Es ist der größte Irrtum, zu glauben, daß in den Dingen der Außenwelt irgendein Genuß steckt, da wir doch allen Genuß in die Außenwelt hineintragen. Das Leben ist eine Ekstase; das Leben ist süß wie Lachgas, und der Fischer, der Tag für Tag an seinem kalten Teich hockt, der Weichensteller an der Bahnkreuzung, der Farmer auf dem Felde, der Neger im Reissumpf, der Geck auf der Straße, der Jäger im Walde, der Anwalt vor Gericht, die Schöne auf dem Ball, sie alle finden in ihrem Leben bestimmte Freuden, die sie selbst hineingelegt haben.

Wenn die Jungen in meinen Garten kommen und mich fragen, ob sie Roßkastanien sammeln dürfen, so gehe ich – ich will's nur gestehen – ein wenig auf die Schachzüge der Natur ein und tue so, als ob ich die Erlaubnis nur widerstrebend gäbe, denn ich fürchte jeden Augenblick: sie werden hinter den Schwindel kommen und diesen glänzenden Plunder beiseite werfen. Aber diese Rücksicht ist ganz überflüssig. Die Lackfarben sind sehr dick aufgetragen. Über unserer ganzen Jugend ruht das Dach der schützenden Illusionen. Nackt und herzzerreißend ist das Leben der Kinder in der Hütte, die ich gestern sah. Aber nichtsdestoweniger haben sie es rings mit romantischem Flitter behängt, als ob sie die glücklichsten Kinder der Welt wären, und sprachen von dem »lieben Häuschen, in dem ihnen soviele schöne Stunden dahingeflossen seien«. Nun, dieses schützende Dach der Illusionen liegt über jedem Haus des Landes.

Die Frauen sind mehr als alle übrigen das Herrscherreich der Illusion. Sie faszinieren, weil sie selbst fasziniert sind. Sie sehen überall Claude Lorrainsche Märchenlandschaften; und wie dürfte es irgend jemand wagen – wenn er es überhaupt vermöchte –, diese Kulissen wegzuschieben, die Bühneneffekte und kindlichen Zeremonien, die das Lebenselement der Frau sind, zu zerstören! Zu leidenschaftlich, zu empfindsam ist die Welt der Liebe, und ihre Atmosphäre ist voll von Luftspiegelungen.

Wir beginnen von unten mit groben Masken und steigen allmählich zu den schönsten und feinsten empor. Wir spielen mit Hälmchen, Bällen, Kugeln, Pferden und Flinten, mit Landgütern und Politik. Aber feinere Spiele liegen noch vor uns. Ist nicht die Zeit ein wunderhübsches Spielzeug? Das Leben wird euch Masken zeigen, die es mit all eurem Karneval aufnehmen können.   ILL

9. Die Zeit ist die Schaubühne und das Spielfeld der Illusion, nichts ist so dehnbar und elastisch. Der Geist erweitert die Stunde zum Jahrhundert und zieht ein Weltalter in eine Stunde zusammen.

Tabak, Kaffee, Alkohol, Haschisch, Blausäure, Strychnin sind schwache Lösungsmittel; das sicherste Gift ist die Zeit. Dieser Becher, den die Natur an unsere Lippen drückt, hat wunderbare Gaben, die kein anderer Trank besitzt. Er öffnet die Sinne, erfüllt uns mit überschwenglichen Träumen, die wir Hoffnung, Liebe, Ehrgeiz, Wissen nennen, und erzeugt in uns eine Gier nach immer tieferen Zügen. Aber wer dann die tieferen Züge tut, wird trunken, verliert Gestalt, Stärke, Schönheit und Sinne und endet in Wahnsinn und Delirium.   O

10. Der Mensch ist wie der Labradorspat, den man so lange in der Hand drehen muß, bis das Licht unter einem bestimmten Winkel auffällt: erst dann zeigt er tiefe und schöne Farben. Im Menschen sind keine Anpassungskräfte und keine universalen Fähigkeiten, sondern jeder hat sein Sondertalent, und die Meisterschaft erfolgreicher Männer besteht in der Gewandtheit, mit der sie jene Gelegenheiten zu ergreifen wußten, bei denen sich ihre Begabung am besten betätigen konnte.

Wie ein Vogel, der sich nirgends niederläßt, sondern immer von Zweig zu Zweig hüpft, ist die Weltseele, die in keinem Manne und in keinem Weibe ihren Wohnsitz aufschlägt, sondern für einen Augenblick aus diesem spricht und für einen anderen Augenblick aus jenem.   E

11. Etwas Opium ist jedem Mißgeschick eingeträufelt. Es erscheint furchtbar, solange wir darauf zugehen. Aber schließlich entsteht gar keine scharfe Reibung, sondern wir gleiten sanft über seine Oberfläche hin, und irgend ein Gedanke nimmt uns in seinen weichen Schutz. Ate ist eine milde Göttin:

Mit leichtem Fuß und leichtem Sinn
Schwebt sie ob unsern Häuptern hin.

Die Leute beklagen und betrauern sich, aber es ist nicht halb so schlimm wie sie sagen. Es gibt Stimmungen, in denen wir unseren Leiden hofieren, in der Hoffnung, daß wir wenigstens hier etwas Positives finden werden. Wir denken: hier werden die scharfen Ecken und Kanten der Wahrheit sich zeigen. Aber mich hat der Schmerz nur eines gelehrt: ich weiß jetzt, wie hohl er ist. Wie alles andere, spielt auch er nur auf der Oberfläche und dringt uns niemals an den Kern. Auch er bringt uns nicht in jenen wirklichen Kontakt mit den Dingen, den wir mit dem kostbaren Preis eines Sohnes oder einer Geliebten erkaufen würden. Wenn ich nicht irre, ist es Boscovich, der herausgefunden hat, daß die Körper sich niemals berühren. Nun also: die Seele berührt auch niemals ihre Gegenstände. Ein uferloses Meer wirft seine stillen Wogen zwischen uns und die Dinge, nach denen wir streben und mit denen wir verkehren. Auch der Schmerz lehrt uns die Idealität aller Dinge. Vor zwei Jahren starb mein Sohn, und heute scheint es mir, als hätte ich damals ein schönes Landgut verloren – nicht mehr. Näher kann ich mir die Sache nicht bringen. Wenn ich morgen erfahren sollte, daß meine Hauptschuldner falliert haben, so wird der Verlust meines Vermögens mir sehr unangenehm sein, vielleicht für viele Jahre; aber er wird mich zu keinem anderen Menschen machen – nicht besser und nicht schlechter. So ist's mit allen meinen Unglücksfällen: sie reichen nicht an mich heran. Manche Sache, von der ich mir einbildete, daß sie ein Stück von mir sei, das man von mir nicht losreißen könne, ohne mich selbst zu zerreißen, und das nicht wachsen könne, ohne mich zu bereichern, fällt eines Tages von mir ab und läßt keine Narbe zurück. Ich bin voll Kummer darüber, daß Kummer mich nichts lehren kann, daß er mich keinen Schritt weiter in die Geheimnisse der Natur führen kann. Auf einem Indianer lastete ein Fluch: kein Wind durfte für ihn blasen, kein Wasser für ihn fließen, kein Feuer für ihn brennen. Der Fall dieses Indianers ist unser Fall.

Unsere teuersten Erlebnisse sind ein Sommerregen, und wir sind wasserdichte Mäntel, von denen jeder Tropfen abfließt. Nichts ist uns gelassen als der Tod, und wir blicken auf ihn mit einer grimmigen Befriedigung, indem wir uns sagen: da ist doch einmal etwas Positives, das uns nicht foppen wird. E

12. Wir stoßen überall in der Natur auf etwas, das sich über uns lustig macht, etwas, das uns immer weiter und weiter führt, aber nie ans Ziel bringt, das uns nicht Wort hält. Alle Versprechungen entziehen sich der Erfüllung. Wir leben in einer Welt, in der alles nur annäherungsweise erreicht wird. Jedes Ziel weist nach einem neuen Ziel, das ebenso vergänglich ist. Einen glatten abschließenden Erfolg gibt es nirgends. Wir sind bei der Natur immer nur auf Logierbesuch, wir sind niemals bei ihr zu Hause. Hunger und Durst lassen uns hoffen, daß wir durch Essen und Trinken satt werden können, aber Brot und Wein mögen zubereitet sein, wie sie wollen: Hunger und Durst lassen sich nicht aus der Welt schaffen, wenn wir uns den Bauch auch noch so sehr vollstopfen. Mit allen unseren Künsten und Leistungen steht es ebenso. Unsere Musik, unsere Dichtkunst, unsere Sprache sogar: das sind alles keine Befriedigungen, nur Anregungen. Der Hunger nach Luxus, der uns aus unserem Planeten einen Ziergarten machen ließ, nährt nur die Gier unserer Wünsche.

Analog diesen Lebenstäuschungen ist auch die Wirkung, die die Naturschönheiten auf unser Auge machen. Aus Wäldern und Wiesen redet eine bestimmte schmeichlerische Verheißung, aber niemals erlangen wir eine tatsächliche Befriedigung. Die Fichte, der Fluß, das blumige Ufer, das alles scheint uns nicht die rechte Natur zu sein. Die Natur ist immer irgendwo anders. Alles ist immer nur Grenzsaum und ferner Widerschein und Echo des Triumphzuges, der an uns vorbeigerauscht ist und jetzt seinen festlichen Glanz vielleicht über die Nachbarfelder ergießt, oder, wenn du diese Felder betrittst, über die angrenzenden Wälder.

Und unter den Menschen geht es dir ebenso wie unter den schweigenden Bäumen: immer nur ein Leben mit Vorbehalten, immer nur negative und niemals positive Gefühle. Läßt sich die Schönheit denn niemals greifen? Ist sie in Menschen und Landschaften überall gleich unfaßbar? Für den erhörten Liebhaber hat das Mädchen den glühendsten Reiz verloren, denn sie hat ihn erhört. Sie war ein himmlisches Wesen, solange er ihr nachjagte wie einem Stern, sie kann nichts Himmlisches mehr sein, wenn sie sich einem solchen zuneigt, wie er es ist.

Was sollen wir zu dieser Tatsache sagen, die uns überall entgegentritt? Zu diesem vorwärtsschießenden Impuls, der uns umschmeichelt und die besten Absichten so vieler Menschen enttäuscht? Müssen wir nicht annehmen, daß irgendwo im Universum ein Fünkchen Falschheit und Hohn glimmt? Haben wir nicht ein Recht, uns über diese Behandlungsweise ernstlich zu erzürnen? Sind wir geköderte Forellen? Sind wir die Hanswürste der Natur? Ein Blick in das leuchtende Antlitz des Himmels und der Erde läßt alles Nörgeln verstummen und führt uns zu weiseren Einsichten. Für den Blick des Tieferschauenden verwandelt sich die Natur in eine unendliche Verheißung, die nicht vorschnell erfüllt sein will. Ihr Geheimnis ist stumm. Es wölbt sich wie ein heller Regenbogen über dem Dasein, und noch keines Erzengels Schwinge war stark genug, seiner Bahn zu folgen und von dem Lauf seiner Kreise zu berichten. Alle unsere Pläne scheinen von Absichten gelenkt und begleitet zu werden, die größer sind als die unsrigen. Geheime geistige Agenten ergreifen unsere Hände und führen uns vorwärts, und ein gütiger Endzweck wartet auf uns. Wir können mit der Natur nicht Worte und Blicke austauschen, wir können mit ihr nicht verkehren, wie wir mit Menschen verkehren. Wenn wir unsere beschränkte Kraft an der ihrigen messen, so können wir leicht auf den Gedanken kommen, daß ein übermütiges Schicksal mit uns sein Spiel treibt. Aber die Würfel mögen fallen, wie sie wollen, sie fallen zu unseren Gunsten. In der Natur gibt es keinen Bankrott, keinen Sprung, keinen Fehlschuß. Weisheit schlummert in jeder Lebensform, aber wir erfassen ihren Sinn immer erst lange, lange nachher. N

13. Wir bilden uns ein, wir seien in schlechte Gesellschaft und häßliche Lebensbedingungen geraten: kleine Schulden, Schusterrechnungen; zerbrochenes Glas ist zu zahlen; Töpfe müssen gekauft werden, Fleisch, Zucker, Milch, Kohle. »Stellt mir eine große Aufgabe, ihr Götter, und ich will zeigen, wer ich bin!« »Nicht so«, sagt der gütige Himmel, »placke dich und pflüge, flicke deine alten Röcke und Hüte, nähe dein Schuhband. Große Dinge und guter Wein werden schon nach und nach kommen.« Nun, alles ist ein Gleichnis, und wenn wir eine Elle Garn gewoben haben, in aller Ergebenheit und so gut wir es können, so werden wir

eines Tages, lange Zeit nachher, bemerken, daß es überhaupt kein Baumwollgarn war, sondern daß wir ein Stück der Milchstraße gewoben haben und daß die Fäden Zeit und Natur waren. ILL

14. Jedem Menschen kommt sein eigenes Leben verzerrt und entstellt vor, weil es mit seiner Phantasie nicht gleichen Schritt hält. Jeder Mensch glaubt, daß seine eigenen Erfahrungen von Irrtümern befleckt sind, während die der anderen ihm schön und ideal erscheinen. Laß irgend einen Menschen auf jene köstlichen Beziehungen zurückblicken, welche die Schönheit seines Lebens ausmachten und ihm die beste Belehrung und Nährkraft geschenkt haben, und er wird schaudern und wehklagen. Ach, ich weiß nicht warum: aber in der Reife unseres Lebens verbittert uns endlose Reue die Erinnerung an die Knospenzeit der Jugend und umflort uns jeden geliebten Namen. Jedes Ding ist schön, wenn man es mit dem Geist erfaßt, wenn man in ihm eine ewige Wahrheit erblickt. Aber die Welt ist schal, wenn man sie als Erfahrungstatsache betrachtet. Einzelheiten sind immer bedauerlich; aber der Gesamtplan ist großartig und vollkommen. In der wirklichen Welt, dem jammererfüllten Reich des Raumes und der Zeit, nisten Sorge und Knochenfraß und Angst; aber beim Gedanken, beim Ideal wohnt unsterbliche Heiterkeit, die Rose der Freude, und ringsum ertönt der Musen Gesang. Aber Kummer klebt an Namen und Personen und den Stückinteressen von heute und gestern. L

Geistige Kräfte

15. Der Geist ist ein feinerer Körper und vollzieht ebenfalls die Funktionen der Nahrungsaufnahme, Verdauung, Absorption, Ausscheidung und Fortpflanzung, nur in einem neuen, ätherischen Element. Hier im Gehirn wird der ganze Vorgang der Ernährung wiederholt, im Aufnehmen, Vergleichen, Verdauen und Assimilieren der Erfahrungsstoffe. Hier wiederholt sich auch das Geheimnis der Zeugung. Im Gehirn sind männliche und weibliche Fähigkeiten tätig; auch hier gibt es Begattung und Frucht. Und jene aufsteigende Leiter hat keine Grenzen, sondern Stufe folgt auf Stufe. Jedes Ding, das auf der einen Stufe aufgebraucht wurde, wird in die nächste mit hinübergenommen. Jede Reihe wiederholt Punkt für Punkt jedes Organ und jeden Prozeß der vorhergehenden Reihe. Wir sind für eine unendliche Dauer adaptiert. Wir sind schwer zu befriedigen: Dinge, die irgendwo aufhören, lieben wir nicht; und in der Natur gibt es nirgends ein Aufhören, sondern jedes Ding verschwindet nur, um auf einer höheren Stufe wiederzukehren, und diese Leiter reicht bis in die höllischen und himmlischen Sphären. Die schaffende Kraft wiederholt wie ein Komponist unermüdlich dasselbe einfache Thema, bald in hohen, bald in tiefen Tönen, bald mit Solostimmen, bald im Chorus, zehntausendmal immer wieder, bis sie Erde und Himmel mit ihrem Gesang erfüllt.   sw

16. Jede Substanz verhält sich negativ elektrisch zu dem, was auf der chemischen Tafel unter ihr steht, und positiv elektrisch zu dem, was über ihr steht. Wasser zersetzt Holz, Eisen und Salz; Luft zersetzt Wasser; Elektrizität zersetzt Luft. Aber der Geist zersetzt Feuer, Schwerkraft, Gesetze, Methoden und die feinsten, unaussprechlichsten Beziehungen der Natur durch sein unwiderstehliches Lösungsmittel. Die Natur zeigt alles geformt und verbunden. Der Geist durchdringt die Formen, überspringt die Schranken, entdeckt innige Verwandtschaft zwischen den entferntesten Dingen und führt die ganze Welt auf ein paar Prinzipien zurück.

Dadurch, daß wir eine Tatsache zum Gegenstand unseres Nachdenkens machen, heben wir sie auf eine höhere Stufe. Alle geistigen und sittlichen Phänomene, die wir nicht zu Objekten unseres freien Denkens machen, geraten unter die Botmäßigkeit des Zufalls: sie bilden die Nebenumstände des Alltags und sind dem Wechsel der Furcht und der Hoffnung unterworfen. Jeder Mensch blickt auf seine Lebensbedingungen mit einer gewissen Melancholie. Wie ein in den Grund gebohrtes Schiff, das von den Wogen hin und her geschlagen wird, so ist der Mensch in dieses irdische Leben eingekerkert, der Gnade der Zukunft preisgegeben.

Aber eine Wahrheit, die der Geist für sich erobert hat, ist nicht länger ein Spielball des Schicksals. Wir sehen in ihr etwas Göttliches, das über Sorge und Ängstlichkeit erhaben ist, und so bekommt jede Tatsache unseres Lebens, jedes Bild unserer Phantasie und unseres Nachdenkens, wenn es aus dem Gewebe der Unbewußtheit herausgezogen worden ist, einen unpersönlichen Ewigkeitscharakter. So wird die Vergangenheit wiederhergestellt und durch Einbalsamierung geschützt. Eine Kunst, besser noch als die der alten Ägypter, hat sie der Furcht und Vergänglichkeit entrückt. Was bleibt, gehört der Wissenschaft. Was sich an unsere Betrachtung wendet, hat nichts Drohendes mehr für uns. I

17. Bis zu dieser Stunde hat die Weltliteratur noch kein Buch, in dem der Symbolismus der Dinge wissenschaftlich erläutert wäre. Man sollte glauben, daß die Menschen von dem Augenblick an, da sie zum ersten Mal ahnten, daß jede sinnfällige Erscheinung – Tier, Fels, Fluß, Luft, ja selbst Zeit und Raum – nicht für sich selbst existiert und keinen endlichen materiellen Zweck hat, sondern nur eine Bildersprache ist, die uns von anderen Wesen und Pflichten erzählt: – man sollte glauben, daß in diesem Augenblick eine andere Wissenschaft hätte erstehen müssen, eine Wissenschaft von ungeheurer prophetischer Kraft, die alle Fähigkeiten in ihren Dienst nimmt. Jeder Mensch hätte von nun an alle Gegenstände fragen müssen, was sie denn eigentlich bedeuten: warum hält sich der Horizont immer von mir fern und läßt mich in der Mitte, mit meinen Freuden und Schmerzen? Warum höre ich aus unzähligen verschiedenen Stimmen immer denselben Sinn und lese in einer endlosen Bildersprache immer dieselbe, nie ganz deutlich ausgedrückte Tatsache? Aber sei es nun, daß diese Dinge sich auf intellektuellem Wege nicht erfassen lassen, oder daß viele Jahrhunderte arbeiten und zusammensetzen müssen, um eine so seltene und reiche Seele hervorzubringen: vorläufig steht die Sache so, daß es keinen Kometen, keine Fels-

schicht, kein Fossil, keinen Fisch, keinen Vierfüßler, keine Spinne, keinen Pilz gibt, der nicht in seiner Sonderexistenz die Gelehrten und Klassifikatoren mehr interessierte als der Sinn und Endzweck des ganzen Systems. sw

18. Die Weltgeschichte ist die Bewegung und Gegenbewegung zweier Kräfte: Natur und Gedanke; zwei Knaben, die sich an der Straßenecke hin und her puffen. Jedes Ding pufft oder wird gepufft, und so befinden sich Geist und Materie in fortwährender Kippe und Balance. Solange der Mensch schwach ist, ist die Erde ihm über, aber nach und nach wird er die Erde unterkriegen und alles nach seinem schöpferischen Gedanken ordnen. Alles Feste im Weltall ist bereit, durch die Berührung des Geistes flüssig zu werden, und an dieser Fähigkeit des Flüssigmachens kann man die Größe eines Geistes messen. Bleibt die Wand stahlhart, so beweist das, daß es am kraftvollen Gedanken gefehlt hat. Ein feinerer Geist könnte bewirken, daß sie in neue Formen überströmt. FT

19. Alles Gute liegt auf der goldenen Mittelstraße. Die mittleren Regionen unseres Lebens sind die gemäßigten Zonen. Wir können in die dünne und kalte Luft der reinen Geometrie und der leblosen Wissenschaft klettern, und wir können in die Welt der Sinne herabsinken. Zwischen diesen beiden Extremen liegt der Äquator des Lebens, des Gedankens, des Geistes, der Poesie – ein schmaler Gürtel. E

Realist, Idealist und Skeptiker

20. Jede Tatsache ist mit der einen Seite den Sinnen zuge-
kehrt und mit der anderen Seite dem sittlichen Gefühl, und
das Spiel des Denkens besteht darin, aus der einen dieser
beiden Seiten auf die andere zu schließen: ist die Oberseite
gegeben, die Unterseite zu finden, und umgekehrt. Nichts
ist so unscheinbar, daß es nicht dieses Doppelantlitz hätte,
und wenn der Beobachter die Aversseite gesehen hat, so
dreht er die Sache um, um die Reversseite zu sehen. Das
ganze Leben ist ein solches Pennywerfen: Kopf oder
Schrift! Wir werden dieses Spiels niemals müde, und uns
faßt immer ein leichter Schauer des Erstaunens, wenn sich
die andere Seite zeigt und der Gegensatz der beiden Seiten
offenbar wird.

Jeder Mensch ist mit einer vorwiegenden Begabung für
die eine oder die andere dieser beiden Seiten geboren, und es
kommt nicht selten vor, daß Menschen sich ausschließlich
nur der einen oder anderen widmen.

Aber jeder dieser beiden Reiter reitet zu schnell. Plotinus
glaubt nur an Philosophen, Fénélon nur an Heilige, Pindar
und Byron nur an Dichter. Man lese die hochmütige Sprache, in der Plato und die Platoniker von allen Menschen
reden, die nicht den abstrakten Wissenschaften ergeben
sind: alle anderen Menschen sind Ratten und Mäuse. Die
Leute aus der Literatenkaste sind gewöhnlich stolz und ex-
klusiv. Da sie nämlich bisweilen beobachtet haben, daß eine

glücklich veranlagte Seele alle ihre Kräfte in Macht zu verwandeln weiß, so sagen sie sich: warum sollen wir uns mit überflüssigen Verwirklichungen abgeben? Und wie träumende Bettler irren sie durch die Welt und reden und benehmen sich so, als ob ihre Werte schon greifbare Gestalt angenommen hätten.

Auf der anderen Seite fallen die Männer der Arbeit, des Handels, des Genusses schwer ins Gewicht. Sie glauben, daß Senf auf der Zunge brennt, daß Pfeffer scharf ist und Streichhölzer leicht Feuer fangen; daß man mit Revolvern vorsichtig umgehen muß und Hosenträger zum Hosenhalten passend verwendet werden können, daß in einer Kiste Tee viel Gefühl steckt und daß ein Mensch beredsam sein wird, wenn man ihm guten Wein zu trinken gibt. Bist du übermäßig zart und gewissenhaft, so mußt du mehr Fleischpastete essen.

Die Unzuträglichkeit dieser Denkart liegt darin, daß sie zur Gleichgültigkeit und zum Lebensüberdruß führt. Das Leben frißt uns auf; im Handumdrehen werden wir bloß noch Erzählungen sein. Nur ruhig Blut: heute über hundert Jahre wird alles egal sein. Das Leben ist ja eine ganz nette Sache, aber wir werden froh sein, wenn wir's loskriegen, und die anderen werden froh sein, wenn sie uns loskriegen. Warum sich hetzen und rackern? Unser Essen wird morgen nicht anders schmecken als gestern, und eines Tages werden wir schließlich genug davon haben. »Ah«, sagte jener müde Gentleman in Oxford, »es gibt nichts Neues und nichts Wahres –, und die Sache ist auch wirklich nicht so wichtig.«

Während so der abstrakte Denker und der Materialist sich gegenseitig in Rage bringen und verspotten, erhebt sich eine dritte Partei, um einen mittleren Standort zwischen diesen beiden einzunehmen, nämlich der Skeptiker. Er findet, daß beide unrecht haben, da sie sich in Extremen bewegen. Er strebt danach, festen Boden unter die Füße zu bekommen, er will der Balken der Waage sein. Er will über sein Operationsfeld nicht hinausgehen. Er sieht die Einseitigkeit der Männer der Straße: er tritt für geistige Fähigkeiten ein, für einen kühlen Kopf und alles, was dazu dient, den Kopf kühl zu halten. Er ist gegen sinnlose Übergeschäftigkeit, gegen zwecklose Aufreibung, gegen Abnützung des Gehirns durch mechanische Arbeit. Er sagt: ihr bewegt euch beide in Extremen. Ihr, die ihr alles solid und massiv haben wollt, und eine Welt aus Blockblei, seid grobe Selbstbetrüger. Ihr glaubt, daß ihr festgewurzelt dasteht, gleichsam auf Stahl gegründet, und doch, wenn wir die letzten Tatsachen aufdecken, auf die sich euer Glaube stützt, so seid ihr wie die kreisenden Wasserblasen im Flusse: ihr wißt nicht, woher und wohin, und ihr seid von oben bis unten in lauter Täuschungen eingehüllt.

Aber der Skeptiker will sich auch nicht von einem Buch betrügen lassen und kein Kathedermensch sein. Die Leute aus der Gelehrtenkaste sind ihre eigenen Opfer, sie sind dünn und bleich, haben kalte Füße und heiße Köpfe, sie verbringen die Nächte ohne Schlaf und die Tage in fortwährender Furcht vor Störungen. Sie sind bleich, vernachlässigt, hungrig und egoistisch. Wenn du näher an sie herangehst und zusiehst, womit sie sich eigentlich beschäftigen, so bemerkst du, daß sie Ideologen sind und ihre Tage und Nächte damit verbringen, irgend eine fixe Idee zu träumen. Sie warten auf die Huldigung der Menschheit, indem sie ihr irgend ein kostbares System vorlegen, das zwar auf eine Wahrheit gebaut ist, aber der natürlichen Proportionen entbehrt und in seiner Anwendung unzutreffend ist, weil dem, der es erdacht hat, die Willenskraft gefehlt hat, um es in lebendige und körperhafte Wirklichkeit zu übersetzen.

Aber ich sehe deutlich, sagt der Skeptiker, daß ich gar nicht sehen kann. Ich weiß, daß die menschliche Kraft sich nicht in den Extremen offenbart, sondern in der Vermeidung der Extreme. Ich für meinen Teil will wenigstens nicht die Schwäche haben, über Dinge zu philosophieren, die meine Auffassungskraft übersteigen. Was nützt es, nach Kräften zu greifen, die wir nun einmal nicht besitzen? Was nützt es, in bezug auf ein jenseitiges Leben eine Gewißheit anzustreben, die uns nun einmal nicht gegeben ist? Warum die Anforderungen an die Tugendhaftigkeit überspannen? Warum ein Engel sein wollen, bevor die Zeit dazu gekommen ist? Diese Sehnen werden reißen, wenn man sie zu stark anzieht. Wenn wir den Wunsch nach Unsterblichkeit besitzen, aber nicht die Gewißheit der Unsterblichkeit, warum sollen wir nicht gerade *das* aussprechen? Wenn die Ergebnisse des Augenscheins sich widerstreiten, warum sollen wir das nicht feststellen? Wenn es für einen aufrichtigen Denker keinen festen Grund gibt, auf dem sein Geist sich mit einem klaren Ja oder Nein niederlassen könnte, warum das Urteil nicht aufschieben? Ich bin dieses ewigen Dogmatisierens müde. Aber ich habe auch diese Lohnsklaverei der Alltagsroutine satt, die alle Dogmen leugnet. Ich sage weder ja noch nein. Ich stehe hier, um den Fall zu untersuchen. Ich bin hier – um zu schauen: σκοπεῖν, zu schauen, wie die Sache steht. Ich will versuchen, den

Waagebalken richtig zu halten. Welchen Zweck hat es, daß ich das Katheder besteige und über Gesellschaft, Religion, Natur ein Wortgeklapper von Theorien loslasse, da ich doch weiß, daß praktische Einwände im Wege stehen, die für mich und meine Genossen unüberwindlich sind? Warum soll ich mich über Staatsgewalt in wortreichen Reden ergehen, wenn jeder meiner Nachbarn mich durch Argumente, die ich nicht zurückzuweisen vermag, auf meinen Sitz niederzwingen kann? Warum soll ich annehmen, daß das Leben ein so einfaches Spiel ist, da wir doch wissen, wie luftig und trügerisch der Proteus ist? Warum soll ich glauben, daß sich alle Dinge in meinen eigenen engen Hühnerstall sperren lassen, da wir doch wissen, daß es nicht *ein* Ding gibt, oder zwei, sondern zehn, zwanzig, tausend Dinge, die alle einander ganz unähnlich sind? Warum soll ich mir einbilden, daß ich alle Wahrheit in der Hand halte? Jede Partei hat sehr viel für sich vorzubringen.

Dies ist also der richtige Standort für den Skeptiker: Betrachtung, Zurückhalten des Urteils. Keineswegs aber will er Unglauben, prinzipielles Neinsagen, prinzipiellen Zweifel, Zweifel sogar am Zweifel, und am allerwenigsten will er lästern, verspotten und alles Gute und Tüchtige heruntermachen. Dies ist ebensowenig seine Sache wie es Sache der Religion oder der Philosophie ist. Er ist der Beobachter, der Weltkluge, der sein Segel einzieht, sein Kapital überschlägt und mit seinen Mitteln haushält, denn er denkt sich: der Mensch hat zu viele Feinde, als daß er in der Lage wäre, auch noch sein eigener Feind zu sein, und außerdem können wir uns gar nicht genug Vorteile sichern in diesem ungleichen Kampf des Lebens, bei dem auf der einen Seite so ungeheure und unermüdliche Naturkräfte stehen und auf der anderen Seite der Mensch, dieser kleine, aufgeblähte Windbeutel, der von jeder Gefahr hin und her geblasen wird. Die Position, die der Skeptiker einnimmt, eignet sich besser für die Verteidigung: sie kann behauptet werden und gewährt ein günstigeres und weiteres Blickfeld. Auch beim Bauen eines Hauses gilt ja die Regel: nicht zu hoch und nicht zu tief, unter dem Wind, aber nicht mitten im Schmutz.

Die Philosophie, die wir brauchen, muß flüssig und beweglich sein. Die spartanischen und stoischen Systeme sind zu steif und unelastisch für unseren Gebrauch. Die Lehre des heiligen Johannes: immer nachgeben scheint uns wieder zu dünn und luftig. Wir brauchen einen Panzer, der aus biegsamem Stahl gewoben ist, stark wie das erste System und geschmeidig wie das zweite. Wir brauchen ein Schiff auf diesen Wogen, die uns treiben. Beim Ansturm so vieler Elemente würde ein winkeliges Dogmengebäude in Splitter und Trümmer gehen. Nein, es muß dicht schließen und sich der Form des Menschen anpassen, sonst kann er nicht darin leben. Die Muschelform sei das Vorbild für ein Haus, das ins Meer gebaut ist.

Skeptizismus ist die Kampfstellung, die der vorwärtsstrebende Geist den Einzelerscheinungen gegenüber einnimmt, die von der Gesellschaft angebetet werden, von denen er aber weiß, daß an ihnen nichts verehrungswürdig ist als ihr Geist und ihre Ziele. Der Platz, auf dem der Skeptiker steht, ist der Vorraum des Tempels. Die Gesellschaft liebt es nicht, daß die bestehende Ordnung auch nur von dem Hauch eines Zweifels berührt werde. Aber die Frage nach der Berechtigung alles Herkömmlichen ist eine unerläßliche

Stufe in der Entwicklung jedes überragenden Geistes. Eben dadurch zeigt er an, daß er jene flutende Kraft erkannt hat, die in allem Wechsel dieselbe bleibt.

Seine endgültige Lösung findet der Skeptizismus im sittlichen Gefühl, das überall die Obermacht behauptet. Alle Wege des Denkens mögen erprobt werden, alle gewichtigen Einwendungen mögen gemacht werden: das sittliche Gefühl wiegt sie alle zusammen leicht auf. Es ist der Tropfen, der so viel wiegt wie der ganze Ozean. Ich spiele mit den vielfältigen Tatsachen und werfe auf sie jene oberflächlichen Blicke, die wir skeptisch nennen. Aber ich weiß, sie werden mir sogleich wieder in einer Anordnung erscheinen, die jeden Skeptizismus unmöglich macht. Der Mann des Gedankens muß vor allem jenen einen Gedanken fühlen, der der Vater des ganzen Weltalls ist, der die Massen der Natur zum Kreisen und Fließen bringt.

Ein solcher Glaube ist der ganzen Fülle des Lebens gewachsen. Die Welt ist durchsättigt mit Gottheit und Gesetz. Wer so glaubt, ist zufrieden mit Recht und Unrecht, mit Dummköpfen und Narren, mit dem Triumph der Torheit und Lüge.

Die Lehre des Lebens heißt: verallgemeinern; glauben, was die Jahre und Jahrhunderte sagen, und nicht auf die Stunden hören; dem Angriff der Einzeleindrücke widerstehen und zu ihrem allgemeinen Sinn durchdringen. Die Dinge scheinen etwas zu sagen, aber in Wirklichkeit sagen sie das Gegenteil. Der äußere Augenschein ist unmoralisch, das Endergebnis ist moralisch. Die Dinge scheinen abwärts zu gehen, dem Kleinmut recht zu geben, Schufte zu begünstigen, Ungerechte zu verteidigen. Aber durch Schurken wie durch Märtyrer wird die gerechte Sache in gleicher Weise gefördert. Wenn auch die Schurken in jedem politischen Kampf siegen, wenn auch die Gesellschaft von einer Verbrecherbande einer anderen Verbrecherbande überliefert zu werden scheint und der Fortschritt der Zivilisation eine Kette von Verrätereien ist, so wird doch immer auf irgend eine Weise den großen Endzwecken Genüge getan. Denn der Weltgeist ist ein guter Schwimmer, und Stürme und Wogen können ihn nicht ertränken. Durch Jahre und Jahrhunderte, durch schlechte Helfer, durch Narrentrug und Zerfall der Atome strömt unerschütterlich eine große und wohltätige Absicht.

Der Mensch lerne inmitten des Wechsels und Flusses nach dem Ewigen auszuschauen. Er lerne es ertragen, daß Dinge untergehen, die er zu verehren gewohnt war, und verliere darüber die Verehrung nicht. Er lerne, daß er hier ist, nicht um zu verarbeiten, sondern um verarbeitet zu werden, und daß, obgleich sich ein Abgrund unter dem anderen öffnet und eine Meinung die andere verdrängt, doch schließlich alles im ewigen Urgrund enthalten ist –:

»Zu neuen Meeren sinkt mein Schiff.« M

Weltgesetze

21. Es gibt schwarzgallige Skeptiker, die den Aasgeruch lieben und die Geschichte in ihren schauerlichsten Ereignissen aufsuchen: Verfolgungen, Inquisitionen, Bartholomäusmetzeleien, teuflische Ungeheuer, Nero, Cesare Borgia, Marat, Lopez, Menschen, in denen jeder Strahl von Menschlichkeit erloschen war, Vatermörder, Muttermörder und andere sittliche Mißgeburten. Das sind keine erfreulichen Erscheinungen, aber sie können einen gesunden Geist nicht verwirren, sie fordern von uns ein rastloses Forschen nach den letzten Ursachen und eine geduldige Betrachtung, die ebenso robust ist, wie die Tatsachen, die sich ihr entgegenstellen.

Wolf, Schlange und Krokodil sind nichts Unharmonisches im Haushalt der Natur, sondern haben die Bedeutung von Hemmschuhen, Gassenkehrern und Wegmachern, und wir müssen einen ebenso großen Gesichtskreis haben wie die Natur, um mit bestialischen Menschen verkehren zu können und einzusehen, daß ihnen die Rolle von Scheuerknechten zugewiesen ist und daß sie mit der zunehmenden Veredlung unseres Planeten überflüssig werden und aussterben müssen.

Wenn du kein Vertrauen in die gütige Macht hast, die über dir waltet, sondern nur an ein diamanthartes Schicksal glaubst, das Natur und Menschen in seinen dunklen Mantel hüllt, dann bedenke, daß der beste Gebrauch, den du vom

Schicksal machen kannst, der ist, den Mut zu lernen, und sei es auch nur deshalb, weil Feigheit an dem vorbestimmten Ausgang nichts zu ändern vermag. Wenn du einsiehst, daß deine Gedanken die Eingebungen einer höchsten Intelligenz sind, gehorche ihnen, wenn sie dir schwierige Pflichten vorschreiben, die sich ja doch immer nur ergeben, wenn sie naturnotwendig sind. – Und wenn dein Skeptizismus den äußersten Schritt tun sollte und du kein Vertrauen zu irgend einem fremden Geist mehr hast, gerade dann mußt du doppelt tapfer sein, denn es gibt *eine* gute Meinung, die für dich immer gewichtig ist, nämlich deine eigene. c

22. Jemand fürchtet den Rotlauf: dann zeige ihm, daß *diese* Furcht von Übel ist. Aber jemand fürchtet die Hölle: dann zeige ihm, daß Furcht überhaupt von Übel ist. Wer die Güte liebt, beherbergt Engel, verehrt die Ehrfurcht und lebt mit Gott. Je weniger wir uns mit unseren Sünden zu schaffen machen, desto besser. Kein Mensch ist in der Lage, seine ganze Zeit mit Reue hinzubringen. »*Das* ist tätige Pflichterfüllung«, sagen die Hindus, »was uns nicht zu Knechten macht. *Das* ist Wissen, was unserer Befreiung dient. Alle übrigen Pflichten sind nur dazu da, um uns zu ermüden.«

Aber die göttliche Kraft erlahmt niemals. Das Aas in der Sonne wird sich von selbst in Gras und Blumen verwandeln, und der Mensch, sei er auch im Bordell, im Kerker oder auf dem Galgen, ist auf dem Wege zu allem Guten und Wahren. Burns ist den eifernden Theologen weit voraus, wenn er dem Teufel mit wildem Humor zuruft:

»Na, denk mal drüber nach und bessre dich!«

Jedes Ding ist oberflächlich und vergänglich, nur Liebe und Wahrheit nicht. Das tiefste und göttlichste Gefühl ist immer das wahrste Gefühl. sw

23. Die Natur entwirft für jedes Geschöpf einen genauen Grundplan, der allen seinen Funktionen streng angepaßt ist, aber dann verhüllt sie ihn behutsam. Sieh, wie sorgfältig sich das Skelett den Blicken entzieht! Die Augen sollen es nicht sehen, die Sonne soll es nicht bescheinen; Natur webt ihre Decken von Fleisch, Haut und Haaren und schönen Farben des Tages darüber; sie zwingt den Tod, unter die Erde zu kriechen; sie beeilt sich, ihn mit Laub und Reben zu überranken, und tilgt sorgfältig jede Spur von ihm durch neue Geschöpfe. Wer und was bist du, der du es wagst, die gespenstige Anatomie nackt zu zeigen?

Hänge kein trauriges Bild an deine Wand und beflecke deine Reden nicht mit schwarzer Schwermut. Sei kein Zyniker und kein Prediger der Trostlosigkeit. Jammere und wehklage nicht. Lasse alle verneinenden Reden. Belebe uns durch unaufhörliches Bejahen. Erschöpfe dich nicht in Kritteleien und kläffe nicht gegen das Schlechte, sondern erzähle uns von der Schönheit des Guten.

Zerstören ist billig und leicht. All die lustigen Jungen und unschuldigen Mädchen auf dem Schulwege, deren Wangen und Herzen von guten Vorsätzen glühen, kann ein Zyniker durch ein einziges Wort hart und kalt machen. Ja, das ist leicht; aber der jungen Seele helfen, ihre Kraft vermehren, ihre Hoffnungen beleben, die Funken zur heilsamen Flamme anfachen, ihren Mißerfolgen durch neue Gedanken und Anregungen, durch herzhafte Ermunterung begegnen, das ist nicht leicht, das ist das Werk göttlicher Menschen.

Wir leben auf verschiedenen Niveaus und Höhengraden. Es gibt ein äußeres Leben: die Erziehung der Schule, Lesen, Schreiben, Rechnen, Warenkunde. Man bringt den Jungens bei, sie sollen alles nehmen, was sie nur kriegen können, sich tüchtig vorwärtsstoßen, sich der Welt nützlich und angenehm machen, reiten, rennen, argumentieren und anderen den Rang ablaufen, ihre Talente entfalten, glänzen, erobern und besitzen.

Aber das innere Leben bleibt zu Hause, weiß nichts von allen diesen Dingen und lernt ihren Wert nicht begreifen. Es ist ein friedvolles, weises Insichaufnehmen. Es liebt das Recht, weil es von nichts anderem weiß, aber es macht keine Fortschritte, es war ebenso weise in seinem ersten Augenblick, wie heute, und bleibt sich in der Jugend, in der Reife und im Alter gleich. Wir sind zum Manne und zum Weibe herangereift, wir haben Fähigkeiten, Beziehungen, Kinder, Ansehen, Beruf: aber das alles zählt beim inneren Leben gar nicht. Ihm gehört die Gegenwart. Es macht die Gegenwart groß. Diese stille, wohlgegründete, weitschauende Seele ist kein Eilkurier, kein Rechtsanwalt, keine Amtsperson: sie liegt in der Sonne und brütet über dem Weltall. Ein Mann von diesem Temperament sagte einmal zu einem sehr betriebsamen Herrn: »Ich will Ihnen verzeihen, daß Sie so viel tun, und Sie werden mir verzeihen, daß ich nichts tue.« Und Euripides sagt: »Gott haßt die Übergeschäftigen und alle, die zu viel tun.« s

24. Schamhaftigkeit und Schwerbeweglichkeit sind eine zähe Schote, durch die ein vornehmer Organismus vor Frühreife geschützt wird. Er wäre verloren, wenn er sich selbst erkennen könnte, bevor einige der besten Seelen reif genug wären, ihn zu erkennen und von ihm Besitz zu ergreifen. Achtung vor der »Naturlangsamkeit«, die den Rubin in Jahrmillionen härtet und mit Zeiträumen arbeitet, in denen Alpen und Anden kommen und gehen wie Regenbogen! Der gute Geist des Lebens hat seinen Himmel nicht für die Eilfertigen. Die Liebe, der Wesenskern Gottes, rechnet mit dem inneren Gesamtwert des Menschen und nicht mit seinen Oberflächen. FR

25. Laßt das heuchlerische Gerede von den Massen. Die Massen sind roh, stumpf und ungehobelt, verderblich in ihren Forderungen und ihrem Einfluß und sollen nicht umschmeichelt, sondern erzogen werden. Ich wünsche ihnen gar keine Zugeständnisse zu machen, sondern sie zu zähmen, zu drillen, zu zerteilen, in Stücke zu brechen und aus ihnen Individuen herauszuziehen. Weg mit dem Hurra der Massen! Wir wollen das schwerwiegende Wort *einzelner* Menschen hören, die Stimme ihrer Ehre und ihres Gewissens. Im alten Ägypten war es eingeführt, daß das Votum eines Propheten dem von tausend Arbeitern gleichgerechnet wurde. Ich glaube, die Schätzung war immer noch viel zu niedrig.

In der Natur kommen fünfzig schlechte Melonen auf eine gute, und du kannst einen ganzen Baum ausschütteln, bis du unter all den zerfressenen, wurmstichigen, unreifen Holzäpfeln ein Dutzend Dessertäpfel findest. Ganze

Nationen nackter Indianer und ganze Nationen bekleideter Christen werden über die Erde zerstreut, und unter ihnen sind zwei oder drei gute Köpfe. Die Natur macht sich ihre Arbeit sehr sauer und trifft bei einer Million Schüssen einmal ins Schwarze.

Indessen ist diese laichende Fruchtbarkeit weder schädlich noch überflüssig. Man könnte sagen: die Natur hätte sich diesen Janhagel von Nationen sparen können. Aber nein: sie sind alle gezählt, und jeder einzelne steht in der Berechnung. Die Natur wendet alles Üble zum Guten. Die Natur hat für jedes wirkliche Bedürfnis vorgesorgt. Im Grunde genommen gibt es keinen gesunden Menschen, der seinem Wert mißtraut. Seine Existenz ist eine schlagende Entgegnung auf alle sentimentalen Sophistereien. Wenn er da ist, so ist er nötig und hat genau jene Eigenschaften, die man braucht. Der Frost, der die Ernte eines Jahres abtötet, rettet die Ernten eines Jahrhunderts, indem er den Kornwurm oder die Heuschrecke vertilgt. Leidenschaften, Widerstände, Gefahren sind Erzieher. Die Kraft, deren wir Herr geworden sind, geht in unseren Besitz über; ohne Krieg keine guten Soldaten, ohne Feinde keine Helden. Die Sonne wäre ein mattes Ding, wenn das Universum ihre Strahlen nicht zurückwürfe.   cw

26. Überfluß liegt im Wesen der Dinge. Die Natur sendet kein Geschöpf, keinen Menschen in die Welt, ohne ihm einen kleinen Überschuß an Fähigkeiten mitzugeben. Der Planet braucht den Bewegungsimpuls, und so hat die Natur für jedes Wesen noch irgendeine besondere Triebfeder geschaffen, einen Puffer, der es auf seinem Wege vorwärts

stößt: überall erblicken wir ein klein wenig mehr, einen Tropfen zuviel. Ohne Elektrizität würde die Luft verdorren, und ohne einen bestimmten Ansporn, der alle Welt antreibt, ohne den scharfen Pfeffer der Bigotterie und des Fanatismus gäbe es keine Anregung, keine Tatkraft. Um das Ziel zu treffen, müssen wir darüber hinauszielen. In jeder Handlung ist irgend ein sonderbares Übermaß an Kraft wirksam. Im Pflanzenleben begnügen sich Blume und Baum nicht damit, einen einzigen Keim auszustreuen, sondern sie füllen die Luft und die Erde verschwenderisch mit ihren Samenkörnern. Zehntausend mögen umkommen; dann können immer noch tausend sich fortpflanzen; von diesen können hundert aufgehen und zehn zur Reife gelangen; schließlich mag ein einziges das Mutterkorn ersetzen. Alle Dinge verraten dieselbe wohlberechnete Überfülle. Die übertriebene Furcht, mit der jedes Wesen sich umzäunt: das Zurückschrecken vor der Kälte, das Auffahren beim Anblick einer Schlange oder bei einem plötzlichen Geräusch, dies alles schützt uns, nach einer Menge von grundlosen Alarmschlägen, schließlich vor *einer* wirklichen Gefahr. N

27. Im Universum gibt es keine Zufälle und keine Anarchie. Alles ist System und Stufenfolge. Jeder Gott herrscht in seiner Sphäre. Der junge Sterbliche betritt die Halle der Welt. Da steht er nun allein, mit ihnen allein und sie schütten ihre Segnungen und Gaben über ihn und winken ihn empor zu ihren Thronen. Sogleich und unaufhörlich fällt ein Schneegestöber von Illusionen; er glaubt sich in einem ungeheuren Haufen zu befinden, der bald nach dieser Rich-

tung taumelt, bald nach jener, und dessen Antrieben er gehorchen muß. Er glaubt sich arm, verwaist, unbedeutend. Der tolle Haufen treibt hierhin und dorthin und befiehlt mit wilden Gebärden bald dies, bald jenes. Wer ist er, daß er dem Willen dieses Haufens zu widerstehen und für sich selbst zu denken und zu handeln vermöchte? Jeden Augenblick neue Veränderungen, ein neuer Platzregen von Täuschungen, die ihn äffen und verwirren. Und wenn nach und nach für einen Augenblick die Luft sich klärt und die Wolken sich ein wenig lichten – siehe da, da sitzen die Götter noch immer auf ihren Thronen, sie allein, mit ihm allein. ILL

28. Was gut ist, ist wirksam und zeugungskräftig und schafft sich selbst Raum, Nahrung und Beistand. Ein gesunder Apfel trägt Samen, ein Bastard nicht. Steht ein Mann auf seinem Platz, so ist er schöpferisch, fruchtbar und von magnetischer Kraft. Er erfüllt eine Armee mit seinen Plänen, und sie werden verwirklicht. Der Fluß gräbt sich selbst sein Bett, und jeder lebensfähige Gedanke bricht sich selbst Bahn und schafft sich Aufnahme; schafft sich Felder, die ihn nähren, Satzungen, die ihn verkörpern, Waffen, die für ihn kämpfen, und Jünger, die ihn verbreiten. Der wahre Künstler hat den Erdball zum Postament; der Glücksritter hat nach Jahren des Kampfes ein Stück Erde, nicht breiter als seine Schuhe. UGM

29. Irgend eine Weisheit steckt in jeder natürlichen und unschuldigen Beschäftigung. Der Hausvater, der keine liebere Musik kennt als das Ticken der Küchenuhr und die

Lieder, die ihm das Holz im Herdfeuer vorsingt, hat Freuden, von denen andere Leute sich nichts träumen lassen. Mittel zu Zwecken führen heißt siegen, und diese Siege kennt die Farm und der Gassenladen ebensogut wie die hohe Politik oder der Weltkrieg. Wenn der tüchtige Landmann sein Feuerholz im Schuppen birgt oder die Erntefrüchte in den Keller schafft, so triumphiert die Methode nicht weniger als in den spanischen Feldzügen oder in den Verhandlungen des Staatsdepartements. Der Mensch lebe nach dem Gesetz – nach irgend einem Gesetz, und sein Leben wird von Befriedigung erfüllt sein. Die Freuden der Menschen unterscheiden sich mehr durch ihre Art als durch ihre Tiefe. PR

30. Wir müssen in der Natur unsere stete Ratgeberin erblicken und ihre Vollkommenheit zum genauen Maßstab unserer Abweichungen machen. Wir müssen die Nacht zur Nacht und den Tag zum Tag machen. Wir müssen einsehen lernen, daß man auf die Verwaltung eines kleinen Haushaltes ebensoviel Weisheit verwenden kann wie auf die Verwaltung eines Weltreiches und daß man ebensoviel Weisheit daraus ziehen kann. Die Weltgesetze sind auf jedem Geldstück geschrieben, das du in der Hand hältst. Es gibt nichts, durch dessen Kenntnis wir nicht größer werden könnten, und sei es auch nur irgend eine Gassenweisheit, die wir auf der State-Street aufgelesen haben. PR

31. Die Gottheit scheint jede Seele, die sie ins Leben sendet, mit bestimmten höchstpersönlichen Vorzügen und Kräften zu bekleiden und auf dieses Kleid der Seele, die sie

zu neuer Wanderung durch den Kreislauf des Irdischen entläßt, die Worte geschrieben zu haben: »Nicht übertragbar« und »Gilt nur für einmalige Fahrt«. Es ist in der Tat ein irreführendes Ding um den geistigen Verkehr. Die Schranken sind zwar unsichtbar; dennoch können sie nicht überstiegen werden. So viel guter Wille sich mitzuteilen bei dem einen, so viel guter Wille aufzunehmen bei dem anderen droht beide in eines zu verschmelzen! – Aber das Gesetz der Individualität ruft seine geheimen Kräfte zu Heer: Du bist du, ich bin ich, und so muß es bleiben.

Denn die Natur wünscht jedem Ding seine Eigenart zu bewahren. Während jedes Individuum danach strebt, zu wachsen und zu herrschen und zu herrschen und zu wachsen bis an die äußersten Grenzen des Weltalls und jedem anderen Geschöpf das Gesetz seines Seins aufzunötigen, zielt Natur beharrlich darauf hin, jedes vor jedem zu beschützen. Jedes ist imstande, sich selbst zu verteidigen. Nichts ist so augenfällig wie der Nachdruck, mit dem ein Individuum vor dem anderen behütet wird in einer Welt, in der jeder Wohltäter leicht zum Missetäter wird, und zwar schon dadurch, daß er seine Fürsorge auf Gebiete ausdehnt, wo sie nicht mehr am Platz ist; in einer Welt, in der die Kinder in so hohem Grade der Willkür ihrer törichten Eltern preisgegeben zu sein scheinen, und in der fast alle Menschen zu sehr zur Geselligkeit und zur Einmischung in fremde Angelegenheiten geneigt sind. Wir sprechen mit Fug und Recht von dem Schutzengel der Kinder. Wie überlegen sind sie, wie sicher vor dem Einfluß böser Leute, vor Gemeinheit und Hinterlist! Sie gießen ihre eigene überfließende Schönheit auf alle Gegenstände, die sie beschauen; deshalb haben wir Erwachsenen mit der armseligen Erziehung, die wir ihnen zu geben vermögen, so wenig Gewalt über sie. Wenn wir poltern und zanken, so kommen sie bald dahin, sich nicht mehr daran zu kehren und nur mehr sich selbst zu vertrauen, und wenn wir sie in unserer Schwäche gewähren lassen, so werden sie wo anders mit ihrem Meister Bekanntschaft machen. UGM

Selbstvertrauen

32. Die Menschen unterscheiden sich vor allem dadurch, ob sie das tun, was ihre Sache ist, oder nicht. Der Mensch ist eine edle endogene Pflanze, die wie die Palme von innen nach außen wächst. Was für andere unmöglich ist, kann er selbst rasch und spielend offenbaren, wenn es seine Eigenart ist. Zucker ist ohne Mühe süß, Natrium ist ohne Mühe salzig. Wir verwenden eine Menge Arbeit darauf, um etwas abzulauern und einzufangen, was eines Tages selbst in unsere Hände fallen wird. Ich halte den für einen großen Mann, der eine höhere Gedankensphäre bewohnt, zu der sich die anderen Menschen nur mit Anstrengung und Schwierigkeiten erheben können; er braucht bloß die Augen zu öffnen, und er sieht die Dinge in ihrem wahren Licht und in großen Beziehungen, während die anderen mühselige Verbesserungen anbringen und ängstlich auf die vielfachen Fehlerquellen achten müssen. Ein schönes Geschöpf kostet es keine Anstrengung, sein Bild in unser Auge zu malen; und doch, welche glänzende Wohltat erweist es uns! Nicht mehr kostet es eine weise Seele, ihre Eigenschaften auf andere Menschen zu übertragen. Und so vermag denn ein jeder gerade sein Bestes am leichtesten zu leisten. »Peu de moyens, beaucoup d'effets.« Der ist groß, der das ist, was er von Natur aus ist, und der uns nie an andere erinnert. UGM

33. Stelle dich auf dich selbst; ahme niemals nach. In deine eigenen Gaben kannst du in jedem Augenblick die gesammelte Kraft deiner ganzen Lebensarbeit legen, aber von dem angenommenen Talent eines andern hast du immer nur einen improvisierten und halben Besitz. SR

34. Ich habe keine Furcht vor Unglücksfällen, solange ich fühle, daß ich auf meinem Platz stehe. Es ist sonderbar, daß überlegene Personen nicht spüren, daß sie durch etwas viel Besseres gegen Cholera geschützt sind als durch ihre Enthaltsamkeit von grünen Bohnen und Salat. Das Leben ist kaum beachtenswert – oder etwa nicht? –, wenn es nicht in einer hochherzigen Aufgabe seine Sicherstellung hat, wenn es nicht von Pflichten und Liebestaten erfüllt wird, die ihm die Natur der Notwendigkeit geben. Des Menschen Mission ist der Behüter seines Lebens. Die Überzeugung, daß sein Werk Gott teuer ist und nicht entbehrt werden kann, schützt ihn. Seine Pflicht ist der Blitzableiter, der der Wetterwolke ihre drohende Waffe entwindet. Ein hohes Ziel wirkt zurück auf die Mittel, auf die Tagewerke, auf die Organe des Körpers. Ein hohes Ziel ist ein Heilmittel, so gut wie Arnika. w

35. Ein Mensch gilt so viel, als er wert ist. Sehr albern sind alle Bemühungen um die Wertschätzung anderer, und ebenso albern ist all diese Furcht vor dem Unbekanntbleiben. Wenn ein Mensch weiß, daß er irgend eine Sache kann, daß er sie besser kann als jeder andere, so hat er einen sicheren Wechsel auf die Anerkennung dieser Tatsache bei der ganzen Welt. Die Welt ist voll von Gerichtstagen, und

in jeder Versammlung, die man betritt, in jeder Handlung, die man unternimmt, wird man geeicht und gestempelt. Auf jedem Thronsessel dieser Welt kann ein Hanswurst sitzen, und er mag zur Zeit nicht minder geehrt sein als Homer und Washington; aber darum braucht man an der Urteilskraft der Menschheit noch lange nicht zu zweifeln. Anmaßung vermag still zu sitzen, aber sie kann nicht handeln. Anmaßung hat noch niemals eine Tat von wirklicher Größe vorzutäuschen vermocht. Anmaßung hat noch niemals eine Iliade geschrieben, noch niemals Xerxes geschlagen, noch niemals die Welt zum Christentum gebracht, noch niemals die Sklaverei abgeschafft. SR

36. Das Kennzeichen des weltkundigen und welttüchtigen Mannes ist der Mangel an Anmaßung. Er hält keine Reden, er spricht in kühlem Geschäftston, vermeidet alle Großtuerei, ist niemand, kleidet sich einfach, macht niemals Versprechungen, leistet viel, ist einsilbig und liebt Tatsachen. Er nennt seine Arbeiten bei ihren klanglosesten Namen und nimmt so den bösen Zungen ihre schärfste Waffe. Seine Konversation handelt vom Wetter und den Tagesneuigkeiten, aber hie und da überrascht man ihn bei einem tiefen Gedanken, der seine Bildung und seine philosophische Denkart enthüllt. Nichts wirkt so stark auf unsere Phantasie wie die Anekdoten von großen Männern, die inkognito reisen: ein König im grauen Rock; Napoleon inmitten seiner goldstrotzenden Suite in der einfachsten Uniform; Burns oder Scott oder Beethoven oder Wellington oder Goethe oder irgend ein anderer Mensch von überlegenen Geisteskräften, der für eine Null gilt; Epaminondas, »der

niemals spricht, sondern immerzu lauscht«; Goethe, der im Gespräch mit Fremden oberflächliche Themen und gewöhnliche Worte bevorzugte, der lieber schlechtere als bessere Kleider trug, der es liebte, etwas launenhafter zu erscheinen, als er wirklich war. Der alte Hut und der Hausrock haben ihre Vorteile. Ich habe gehört, daß man hierzulande überall einen gewissen Respekt vor einem feinen Anzug hat, aber vornehmen Kleidern gegenüber geben die Menschen sich gezwungen: sie wollen sich nicht kompromittieren. Aber der Hauskittel ist wie Wein, er löst die Zungen, und die Menschen sagen, was sie denken. Ein alter Dichter sagt:

»Spar dir den äußern Glanz,
Denn soviel ist gewiß:
Wer arm und schlicht sich trägt,
Der blickt ins fremde Herz.« CU

37. Schwäche und Laster schieben die Schuld auf das Schicksal; aber nur der versteht das Schicksal richtig, der seine Lebensführung der Erhabenheit der Natur anpaßt. Die Naturelemente sind hart, und niemand anders kann sie besiegen als sie selbst. So sei auch der Mensch. Er banne alle nichtigen Pläne aus seiner Brust und zeige durch Worte und Taten, daß er auf der obersten Sprosse der Naturleiter steht. Die Schwerkraft selbst muß ihn nach seinen Zielen ziehen. Keine Gewalt, keine Überredungskunst, keine Bestechung sollte imstande sein, seinen Standpunkt zu verändern. Es sollte ein Lob für einen Menschen sein, wenn man ihn mit einem Strom, einer Eiche, einem Berg vergleichen könnte.

Er sollte nicht weniger Richtkraft, Spannkraft und Widerstandskraft besitzen als diese.

Denn wenn das Schicksal alles beherrscht, so ist auch der Mensch ein Teil davon und kann Schicksal gegen Schicksal stellen. Wenn das Weltall seine wilden Angriffe gegen uns richtet, so können unsere Atome ihm einen ebenso wilden Widerstand entgegensetzen. Die atmosphärische Luft würde die Wände unseres Körpers eindrücken, wenn nicht die Luft in unserem Körper eine ebenso mächtige Gegenkraft wäre. Die dünnste Glasröhre kann der Wucht des Ozeans widerstehen, wenn sie mit demselben Wasser gefüllt ist. Wenn Allmacht im Anprall liegt, so liegt auch Allmacht im Rückprall   FT

38. Der Mensch muß soviel wert sein, daß er alle äußeren Umstände bedeutungslos macht. Jeder echte Mensch ist eine bewegende Ursache, ein Land und ein Zeitalter. Er bedarf ungeheurer Räume und Zahlen und Zeiten, um seine Pläne zu vollenden. Und die Nachwelt scheint seinen Schritten zu folgen, wie ein Zug von Klienten. Der Mensch Cäsar wird geboren, und auf Jahrhunderte hinaus gibt es ein römisches Kaiserreich. Christus wird geboren, und Millionen von Seelen wachsen und ranken an seinem Genius empor, so daß schließlich alle Tugenden und alle hohen Möglichkeiten der Menschheit sich mit seiner Person decken. Jede Einrichtung ist der verlängerte Schatten eines einzigen Menschen: das Mönchtum ist der Eremit Antonius, die Reformation ist Luther, der Quäkerismus ist Fox, der Methodismus Wesley, der Abolitionismus Clarkson. Milton nennt Scipio den Gipfel Roms, und die ganze Weltge-

schichte läßt sich sehr leicht in die Biographien einiger gehaltvoller und gewichtiger Persönlichkeiten zusammendrängen.

Der Mensch soll seinen Wert kennen und Boden unter die Füße bekommen. Er soll nicht herumschielen und herumlungern und sich in der Welt, die für ihn da ist, nicht mit den Allüren eines Freitischlers, Bastards oder Schmugglers herumdrücken. Aber der Mann auf der Straße fühlt in sich keinen Wert, der mit jener Kraft in Beziehung steht, die eine Stadt baut oder einen marmornen Gott formt, und er fühlt sich daher armselig, wenn er auf diese Dinge blickt. Für ihn hat ein Palast, eine Skulptur, ein kostbares Buch eine fremde und abweisende Miene, ganz so wie eine vornehme Equipage. Es scheint ihm, als ob alle diese Dinge zu ihm sagten: »Wer sind Sie eigentlich, mein Herr?« Und dennoch sind alle diese Dinge sein Eigentum, sie warten auf seine Beachtung und werben um seine Fähigkeiten, die sich herauswagen und von ihnen Besitz ergreifen sollen. Das Gemälde harrt auf mein Urteil: es hat mir nichts zu befehlen, aber ich habe die Richtigkeit seiner Ansprüche auf Lob festzustellen. Sehr populär ist das Märchen von jenem armen Teufel, der, stockbetrunken auf der Straße aufgelesen, in des Herzogs Haus gebracht, gewaschen und gekleidet und in des Herzogs Bett gelegt wurde, und dem man dann bei seinem Erwachen wie einem Herzog mit allen unterwürfigen Zeremonien entgegen kam und versicherte, er sei geisteskrank gewesen. Es verdankt seine Popularität dem Umstand, daß es ein treffendes Symbol für den Zustand des Menschen ist, der auch wie ein betrunkener Bettler durch die Welt geht, aber hie und da erwacht, zu Verstand kommt und findet, daß er ein echter Prinz ist.

Unsere Art zu lesen ist bettelhaft und schmarotzerisch. In der Geschichtsbetrachtung treibt unsere Phantasie mit uns ein irreführendes Spiel. Königreiche und Herrschaften, Macht und Besitz sind ein glänzenderes Vokabular als die Privatangelegenheiten und Alltagssorgen in Hinzens und Kunzens kleinem Haus. Aber die Dinge des Lebens sind auf beiden Seiten dieselben, und die Endsumme ist auch auf beiden Seiten dieselbe. Warum all dieser Respekt vor Alfred dem Großen und Gustav Adolf? Zugegeben, sie waren tüchtige Kerle, haben sie die Tüchtigkeit der ganzen Welt aufgebraucht? Unsere alltäglichen Privathandlungen streben einem ebenso großen Zweck zu wie diese öffentlichen, ruhmreichen Schritte. Wenn einmal die Alltagsmenschen auch auf ihre eigene Art sehen und handeln werden, dann wird der Glanz der Königstaten auf ihre Taten übergehen. SR

39. Seine eigenen Gedanken fühlen, glauben, daß etwas, das für das eigene Herz wahr ist, für die ganze Welt wahr sein muß, das ist Genie. Der Mensch sollte lernen, auf jeden Lichtstrahl, der von innen durch seine Seele zuckt, mehr zu achten als auf den Glanz des ganzen Himmels der Barden und Sänger. Statt dessen läßt er seine Gedanken ruhig fahren, und es liegt ihm nicht viel daran, daß sie seine eigenen Gedanken sind. Jedes Werk des Genies reflektiert unsere eigenen Gedanken: sie kommen wieder zu uns zurück, aber mit einer gewissen fremden Majestät. Das ist die wichtigste Lehre, die wir aus den großen Kunstwerken schöpfen

können. Sie lehren uns, an unseren ursprünglichen Eindrücken mit fröhlichem und unerschütterlichem Gleichmut festzuhalten und gerade dann am meisten festzuhalten, wenn der ganze Wirrwarr fremder Stimmen auf der anderen Seite ist. Sonst wird morgen ein Fremder mit meisterhafter Klarheit genau das sagen, was wir all die Zeit hindurch gedacht und gefühlt haben, und wir werden gezwungen sein, unsere eigene Meinung errötend von einem anderen entgegenzunehmen.

Die Gesellschaft ist gegen den Manneswert jedes einzelnen ihrer Mitglieder verschworen. Die Gesellschaft ist eine Aktiengesellschaft, deren Sozietäre von dem Grundsatz ausgehen: man muß das Brot jedes einzelnen Aktionärs dadurch sichern, daß man die Freiheit und Würde jedes einzelnen preisgibt. Die Tugend, auf die sie am meisten Wert legt, ist Solidaritätsgefühl; Selbstvertrauen ist ihr verhaßt; sie liebt nicht Schöpfungen und Schaffende, sondern Namen und Gewohnheiten.

Wer ein Mann sein will, der muß unsolidarisch empfinden. Wer unsterbliche Palmen einheimsen will, der darf sich nicht mit der *sogenannten* Güte begnügen, sondern er muß nachforschen, ob das, was wir Güte nennen, auch wirklich Güte ist. Denn schließlich gibt es nur *ein* Heiligtum: die Reinheit des eigenen Geistes. Der Mensch muß sich gegen allen Widerstand durchzusetzen wissen, er muß überzeugt sein, daß alles andere außer ihm nur Titelwesen und ephemer ist.   SR

40. Wir müssen allein gehen. Die schweigende Kirche vor Beginn des Gottesdienstes ist mir lieber als jede Predigt. Zu

Zeiten scheint sich die ganze Welt verschworen zu haben, um dich mit ihren aufgebauschten Nichtigkeiten zu belästigen. Freunde, Klienten, Kinder, Krankheit, Furcht, Mangel, Mitleid, all dies klopft vereinigt an deine Kammertür und sagt: »Komm doch heraus zu uns!« Aber bleib nur drinnen, komm nicht heraus in ihre Wirrnis. Die Macht, mich zu langweilen, gebe ich den Menschen durch meine Neugierde. Niemand kann mir nahe kommen, wenn ich es nicht will. SR

41. Ein politischer Sieg, eine Vermehrung deines Einkommens, die Genesung deines kranken oder die Rückkehr deines abwesenden Freundes oder irgend ein anderes günstiges Ereignis hebt deine Lebensgeister, und du denkst: gute Tage warten auf mich. Glaube nicht daran. Niemand kann dir den Frieden bringen als du selbst. Nichts kann dir den Frieden bringen als der Triumph deiner Grundsätze. SR

Wahrheit

42. Viele Meinungen streiten darüber, wo der wahre Mittelpunkt sei. Beim Schiffbruch hängen sich die einen an das Takelwerk, die anderen an Fässer und Tonnen, andere an die Spieren und andere an den Mast. Der Pilot allein wählt als ein Wissender: – hier will ich mich aufpflanzen, alles wird früher sinken als dies; »der kommt ans Land, der mit mir treibt!« Verlasse dich nicht auf die Gunst des Himmels oder auf sein Erbarmen mit deiner Torheit noch auf deine Klugheit oder auf den gesunden Menschenverstand, das alte Hausmittel und die Haupthoffnung der Menschheit: nichts kann dich halten – nicht Schicksal, nicht Gesundheit, nicht wunderbare Geistesgaben – nichts kann dir helfen als Ehrlichkeit, immer nur Ehrlichkeit.   sw

43. Kein Geheimnis läßt sich verbergen. Wenn der Künstler seinen fliehenden Geist durch Opium und Wein zu bannen sucht, so wird sein Werk sich von selbst als eine Wirkung von Opium und Wein darstellen. Wenn du ein Gemälde machst, so setzt es den Beschauer genau in denjenigen Geisteszustand, den du hattest, als du es schufst. Wenn du dein Geld dafür ausgibst, um den Leuten in die Augen zu stechen, so werden deine Gebäude, deine Gärten, deine Gemälde, deine Equipagen dies zum Ausdruck bringen. Wir alle sind Physiognomiker und Gedankenleser, und die Dinge verraten sich selbst. Wenn du der Vorstadtmode

folgst und für wenig Geld ein großes Prunkhaus baust, so werden es alle Augen als ein billiges teures Haus erkennen. Es gibt keine Privatangelegenheit, die nicht früher oder später durchschaut wird. In der zivilisierten Welt kann kein Geheimnis auf die Dauer verborgen bleiben. Die Welt ist ein Maskenball, bei dem jeder einzelne seinen wahren Charakter verbirgt und ihn gerade dadurch enthüllt, daß er ihn verbirgt.

Wir brauchen uns nicht viel darum zu kümmern, was die Leute gerne sagen möchten, sondern nur darum, was sie sagen müssen, was ihre innerste Natur sagt, obgleich ihr geschäftskluger, gerissener Yankeeverstand das rechte Wort zurückzudrängen und dem Urteil eine andere Formulierung zu geben versucht. Nach *euch* fragen wir nicht; wir blicken immer nur durch euch hindurch auf den düsteren Diktator, der hinter euch steht: während ihr eure konventionellen und absurden Redensarten macht, warten wir höflich, aber ungeduldig, bis jener weise Höhere wiederum das Wort ergreift.

Das Werk ist der Sieg. Überall, wo ein Werk vollbracht wird, wird ein Sieg errungen. Es gibt keine Glückstreffer und keine Nieten; du brauchst nur *einen* Urteilsspruch: deinen eigenen, und wenn du den hast, braucht dir um den Rest nicht bange zu sein.   w

44. Gott stellt jedem die Wahl zwischen Wahrheit und Ruhe. Du kannst wählen, was du willst, aber beides kannst du nicht haben. Zwischen beidem schwingt der Mensch wie ein Pendel hin und her. Der, in dem die Liebe zur Wahrheit stärker ist, darf nirgends Anker fassen, muß immer auf

hoher See treiben. Die ganze Erdkugel muß er ablaufen, um einen Menschen zu finden, der ihm Wahrheit geben kann. Und er wird dann erkennen, daß im Zuhören mehr Segen und Größe liegt als im Reden. Der alte Spruch sagt: »Lasset uns schweigen, denn auch die Götter schweigen.« Schweigen ist ein Lösungsmittel, das alles Persönliche auflöst und uns erlaubt, groß und weltumfassend zu sein. 1

45. Es ist ganz sicher, daß wir in den Augen jedes Menschen genau den Rang lesen können, den er auf der ungeheuren Stufenleiter der Menschheit einnimmt, und wir lernen diese Sprache leicht entziffern. Ein vollkommener Mann hat keine anderen Hilfen nötig als die Wirkung seiner persönlichen Gegenwart. So oft wir ihn anblicken, müssen wir seinem Willen zustimmen, denn wir sind überzeugt, daß er nur edlen und allgemeinen Zielen zustrebt. Der Grund, warum die Menschen uns nicht gehorchen, liegt darin, daß sie den Schlamm sehen, der auf dem Grunde unserer Augen liegt.

Das äußere Auftreten eines Menschen zeigt die wirkliche Macht an, die er besitzt. Ein Mensch, der fest auf seinem Platze steht, trägt einen ausgeglichenen und zuversichtlichen Gesichtsausdruck zur Schau, den jedermann lesen kann. Wenn man jemand zu einem bestimmten Benehmen und Gehaben erziehen will, so muß man ihn zu einem Menschen machen, dessen natürlicher Ausdruck eben jenes Benehmen ist. Die Natur setzt immer eine Prämie auf Wirklichkeit. Was man aus Effekthascherei tut, das trägt die Züge der Effekthascherei, und was man aus Liebe tut, das trägt die Züge der Liebe. Ein Mensch erregt Zuneigung und

Vertrauen, weil er nicht nach Zuneigung und Vertrauen auf der Lauer lag. Alle Eigenschaften, deretwegen wir jemand schätzen, haben sich im Dunkeln entwickelt.   BHR

46. Wenn du immer nur auf deinen eigenen Vorteil bedacht bist, so muß der andere Teil auch ein bißchen schärfer auf seinen Vorteil sehen. Bist du rücksichtsvoll und edeldenkend, so wird auch der andere – auch wenn er selbstsüchtig und unehrlich ist – bei dir eine Ausnahme machen und dich ehrlich bedienen. Ich sprach einmal mit einem Eisengießer über die Schlacken und Fehler im Schieneneisen. »Oh«, sagte er, »gutes Eisen ist immer zu haben. Wenn Schlacken im Eisen sind, so ist das immer nur deshalb, weil Schlacken in der Bezahlung waren.«   CW

Arbeit

47. Eisen zu drehen ist nicht schwerer als Stroh zu dreschen, Granit zu schmelzen nicht schwerer als Eis zu schmelzen, wenn man nur einen Schritt nach dem andern ordnungsmäßig vornimmt. Wenn irgendwo etwas nicht klappt, so war immer irgend eine Leichtfertigkeit daran schuld, irgend ein Aberglaube an Glück und Unglück, oder es wurde irgend eine Stufe übersprungen, was die Natur niemals verzeiht. Das Lebensglück kann unter allen Bedingungen erlangt werden: die Anziehungskraft, die es auf dich ausübt, ist die Bürgschaft dafür, daß es im Bereiche deines Willens liegt. Unsere Gebete sind Propheten, aber Treue muß da sein und Ausdauer.   CW

48. Die Leistung ist weit davon entfernt, der wahre Erfolg zu sein, und es ist klar, daß der Erfolg viel früher da war als die Leistung, nämlich als alle Schöpfungen, die unsere Zivilisation ausmachen, noch die Gedanken tüchtiger Köpfe waren. Der Ruhm jeder Entdeckung wird mit Recht dem Geiste zugeschrieben, der die Formel fand, die alle Einzelheiten in sich begreift, und nicht dem Fabrikanten, der dann seinen Gewinn daraus zieht. Trotzdem jubelt der Mob dem Veröffentlicher zu und nicht dem Erfinder. Es ist die Denkfaulheit der Menge, daß sie das Haus nicht im Grundplan erkennen kann, das Werk nicht im Modell des Erfinders. Solange es ein Gedanke ist – mag es sich nun um einen

neuen Brennstoff, ein neues Nahrungsmittel oder eine landwirtschaftliche Neuerung handeln –, wird es niedergeschrien, ist es eine Chimäre. Aber wenn es eine Tatsache ist und acht, zehn, hundert Prozent trägt, dann rufen sie: »Es ist Gottes Stimme!«

Können wir denn das Wissen, die Kunst und alle unsere Pläne nicht um ihrer selbst willen lieben? Kann es uns nicht genügen, daß wir unser Werk fertig bringen und Wahrheit und Kraft gewinnen, ohne dafür gepriesen zu werden? Ich gewinne mein Spiel, ich gewinne alle Spiele, wenn ich meinen Mitmenschen etwas schenken kann, das sie ihren eigenen Wert lehrt. Die Summe aller Weisheit besteht in der Erkenntnis, daß die Zeit niemals verloren ist, die man der Arbeit gewidmet hat. Der gute Arbeiter sagt niemals: »Hier, ich hoffe, es wird vorhalten!«, sondern: »Hier ist meine Arbeit, versuchen Sie sie und kommen Sie wieder; sie ist nicht umzubringen.« Wenn der Künstler – in welcher Kunst immer – gewissenhaft an der Verwirklichung seiner Pläne arbeitet, so liegt nicht viel daran, daß er nicht gleich Aufträge und Kunden findet. *Den* jungen Mann halte ich für glücklich, der damit zufrieden ist, jenen Grad von Fertigkeit erlangt zu haben, auf den er es abgesehen hatte, und der willig wartet, bis die Gelegenheit zu Ruhm und Ansehen kommt, da er ja wohl weiß, sie wird nicht lange zögern. Die Zeit, die dein Rivale damit vergeudet, sein Werk hastig für den Tageseffekt herauszuputzen und zur gangbaren Marktware zu machen, hast du indessen mit Studien und Experimenten verbracht, die dich zu wirklichem Wissen und Können geführt haben. Inzwischen hat er sein Bild oder seine Maschine verkauft oder einen Preis gewonnen oder eine Anstellung erlangt. Aber *du* hast deine Kunst durch eine höhere Schule geführt, und in wenigen Jahren wird sich die Überlegenheit des echten Meisters über die kurze Beliebtheit des Marktschreiers herausstellen. s

49. Wir müssen den Erfolg als eine organische Eigenschaft unserer Konstitution auffassen. Alle Kraft ist von derselben Art: ein Teilnehmen an der allgemeinen Naturkraft. Ein Geist, der sich den Naturgesetzen parallel entwickelt, befindet sich mitten im Strom der Ereignisse, und seine Stärke wird ihre Stärke sein. Wir sagen: der Erfolg ist eine Sache der Konstitution, weil er sich auf ein Plus an geistigen und körperlichen Anlagen, an Arbeitskraft, an Mut stützt. Eben dadurch wird er der Haupthebel im Getriebe der Welt.

Eine Unze Kraft muß eine Unze Last im Gleichgewicht halten, und obgleich ein Mensch nicht in seinen Mutterleib zurückkehren und mit neuen Lebensspannkräften wiedergeboren werden kann, so gibt es doch zwei ökonomische Maßregeln, die die besten Hilfsmittel sind, die in unserem Falle zu Gebote stehen. Die erstere besteht darin, daß wir unseren allgemeinen Betätigungsdrang, der sich in vielerlei Richtungen zu zerstreuen sucht, zurückdämmen und unsere Kräfte auf einen oder zwei Punkte konzentrieren, wie der Gärtner, der auch nicht duldet, daß der Saft des Baumes sich in eine Garbe von Zweigen ergießt, sondern durch rücksichtsloses Beschneiden alle Lebenskräfte in einen oder zwei Hauptäste vereinigt.

»Erweitere deine Bestimmung nicht!« sagt das Orakel, »tu nicht mehr, als deines Amtes ist!« Es gibt nur *eine*

Lebensklugheit: Sammlung, und nur *ein* Übel: Zerstreuung, und es macht nicht viel Unterschied, ob unsere Zerstreuungen grob oder fein sind: Eigentum und seine Sorge, Freunde und gesellige Verpflichtungen, Politik, Musik, Feste. Eine jede Beschäftigung ist gut, die unser Leben um eine Spielerei und eine Täuschung verringert und uns nach Hause treibt, auf daß wir an ein tüchtiges Werk die Axt legen. Freunde, Bücher, Gemälde, kleine Pflichten, Selbstberäucherungen, Hoffnungen – das alles sind Ablenkungen, die unser schwankendes Luftschiff aus seiner Bahn werfen und Störungen in der Belastung und Flugrichtung hervorrufen.

Du mußt dir dein Werk wählen; du mußt dir das aussuchen, was dein Gehirn kann, und alles andere zum Teufel werfen. Nur so kann jener Überschuß an Lebenskraft sich ansammeln, der nötig ist, damit der Schritt vom Wissen zur Tat vollbracht werden kann.

Konzentration ist das Geheimnis der Stärke in der Politik, im Kriege, im Handel, kurz, in allen menschlichen Tätigkeiten. Eine der kostbarsten Anekdoten der Weltgeschichte ist die Antwort Newtons auf die Frage, wie er denn dazu gekommen sei, seine Entdeckungen zustande zu bringen: »Indem ich ununterbrochen an sie dachte.«

Das zweite Surrogat für Temperament ist Drill, die große Kunst der Gewohnheit und Routine. Der Mietsgaul ist ein besseres Zugtier als der Berberhengst. Der galvanische Strom, langsam aber stetig, hat dieselbe Kraft wie der elektrische Funke und ist uns ein besserer Helfer. So können wir auch in den menschlichen Tätigkeiten dem vorübergehenden Aufblitzen besonderer Kräfte die Stetigkeit des Drills gegenüberstellen; wir verteilen eben dann denselben Aufwand an Kraft über einen langen Zeitraum, statt ihn in einen einzigen Augenblick zusammenzudrängen. Eine Unze Gold behält denselben Wert, ob sie zur Kugel zusammengeballt oder in ein Blatt ausgewalzt wird. Ein humorvoller Freund von mir behauptete einmal, daß die Natur in ihrer Kunst nur deshalb so vollkommen sei und so unbeschreiblich schöne Sonnenuntergänge zustande bringe, weil sie dieselbe Sache schon so ungeheuer oft ausprobiert habe.

Wenn diese Kräfte und ihre haushälterische Verwendung im Bereiche unseres Willens liegen und ihre Gesetze entziffert werden können, so dürfen wir folgern, daß auch aller Erfolg und alle nur erdenklichen irdischen Güter im Bereich unseres Willens liegen und jedes seine eigene erhabene Ökonomie hat, durch die man in seinen Besitz gelangen kann. Die Welt ist mathematisch, und in ihrem ungeheuren flutenden Kreislauf gibt es keine Zufälle. Der Erfolg ist ebensowenig eine exzentrische Sache wie der Gingham und Mousselin, den wir in unseren Webereien herstellen. Man könnte den Gehirnen unserer geschäftigen, unaufhörlich planenden Neu-Engländer keine bessere Lektion erteilen, als indem man sie in irgend eine der großen Fabriken führte, die über die ganzen Vereinigten Staaten verstreut sind. Der Mensch hat kaum eine Ahnung davon, wie sehr er selbst Maschine ist, solange er nicht anfängt, einen Telegraphen, einen Webstuhl, eine Druckerpresse, eine Lokomotive nach seinem eigenen Ebenbilde herzustellen. Aber angesichts dieser ist er gezwungen, seinen Torheiten und Einbildungen den Laufpaß zu geben, denn wenn wir in die Weberei gehen, so bemerken wir, daß die Maschine moralischer ist als wir. Der Mensch wage es, vor einen Webstuhl hinzutreten und sich mit ihm zu vergleichen! Er stelle Maschine gegen Maschine und sehe zu, wie er dabei wegkommt. Die Weltfabrik ist komplizierter als die Calicofabrik, und ihr Erbauer ist unnahbarer. In der Ginghamfabrik verdirbt ein Fadenbruch oder ein Nest ein Gewebe von hundert Ellen, das Stück wird der Arbeiterin zurückgegeben und vom Wochenlohn abgezogen. Der Aktionär, dem man es vorweist, reibt sich vergnüglich die Hände. Sind Sie so gerissen, Mister Profitmacher? Und glauben Sie dennoch, daß Sie *Ihren* Meister und Arbeitgeber bei Ihrer Webearbeit beschwindeln werden? Ein Tag ist ein kostbareres Gewebe als jeder Mousselin, der Mechanismus, der ihn hervorbringt, ist unendlich viel klüger als Sie, und Sie werden die ausgefransten, betrügerischen, verfaulten Stunden, die Sie in das Stück eingeschmuggelt haben, nicht verbergen können; dagegen ist es auch nicht zu befürchten, daß ein einziger ehrlich gewobener Faden, ein besonders guter Stahl, eine besonders starke Spindel nicht in Ihrem Gewebe für Sie zeugen werden.   P

Natur

50. Der Mensch ist von der Natur abgefallen, sie selbst aber steht aufrecht da und dient als ein feines Thermometer, das genau anzeigt, wieviel Göttliches noch in jedem Menschen ist. Sind wir stumpf und selbstsüchtig, so sehen wir zur Natur empor, aber eines Tages werden wir uns ermannen, und die Natur wird zu uns emporsehen. Wir blicken mit Gewissensbissen auf den schäumenden Bach; flösse aber unser Leben mit derselben ausgeglichenen Richtkraft dahin, so würden wir den Bach beschämen. Der Strom echten Strebens funkelt im selbstgeschaffenen Glanz und braucht nicht die Strahlen der Sonne und des Mondes zu borgen. Aber wir betreiben den Naturkult ebenso gewinnsüchtig wie den Warenhandel. N

51. Wie paradieren wir mit unserer Wissenschaft, und wie ist sie doch um Armeslänge von ihren Gegenständen entfernt! Unsere Botanik weiß von Namen, aber nicht von Kräften: Dichter und Romanschreiber sprechen von der Schönheit und Heilkraft der Pflanzen, aber was weiß der Botaniker von der Fähigkeit seiner Kräuter! Der Geologe legt die Gesteinsschichten bloß und kann sie alle an den Fingern herzählen; aber was weiß er von der Wirkung, die sie auf den Menschen ausüben, der aus ihnen sein Haus baut? Von ihrer Wirkung auf ein Volk, das auf einer Granitschicht lebt? auf Mergelboden? oder auf Marschland?

Wir würden mit ganz anderen Gefühlen zu den Ornithologen in die Schule gehen, wenn sie uns lehren könnten, was die geselligen Vögel sagen, wenn sie in ihrer Herbstversammlung sitzen und zusammen auf den Bäumen plaudern. Der Mangel an Fähigkeit des Mitfühlens macht aus den Abhandlungen der Gelehrten langweilige Wörterbücher. Das Ergebnis ist ein toter Vogel. Wenn der Schuljunge die Muscheln am Strande oder die Blumen auf der Wiese ansieht, so hat er, obgleich er sie nicht beim Namen nennen kann, richtigere Vorstellungen von ihnen als der Mann der Wissenschaft, der stolz darauf ist, ihre Nomenklatur zu kennen.

Was für eine Art von Menschen schafft die Wissenschaft? Der Junge fühlt sich nicht von diesen Leuten angezogen. Er sagt: Eine solche Art Mensch wie mein Professor möchte ich nicht sein. Der Sammler hat alle Pflanzen in seinem Herbarium getrocknet, aber er hat dabei an Körpergewicht und Humor verloren. Er hat alle Schlangen und Eidechsen in seine Phiolen gebracht, aber die Wissenschaft hat es mit ihm geradeso gemacht und hat ihn in eine Flasche gesteckt. B

52. Wir übertreiben das Lob gewisser lokaler Naturschönheiten. In jeder Landschaft vermählen sich Himmel und Erde in wunderbarer Weise, und das kann man vom ersten besten Hügel aus ebensogut sehen wie vom Gipfel der Alleghanies. Die Sterne der Nacht neigen sich über jede braune Ackerscholle mit derselben geisterschönen Pracht, die sie über die Campagna und die marmorne Einöde Ägyptens streuen. Die geballten Wolken und die

Farben des Morgens und Abends verzaubern jeden Ahorn und jede Erle. Der Unterschied zwischen Landschaft und Landschaft ist klein, aber groß ist der Unterschied zwischen Beschauer und Beschauer. Daß eine jede Landschaft nicht anders als schön sein kann, das ist das ewige Wunder, das uns überall entgegentritt. Die Natur kann man nicht im Negligé überraschen. Ihre Schönheit leuchtet überall.   N

53. Es gibt Tage, an denen die Natur ihre Kinder mit besonderer Zärtlichkeit umfaßt, Tage, an denen jedes Wesen die Züge der Zufriedenheit trägt und jede schlafende Katze große und friedvolle Gedanken zu haben scheint. Sie machen den Eindruck der Endlosigkeit. Sie schlummern über den weiten Hügeln und den warmen, weiten Feldern. Wer alle Sonnenstunden eines solchen Tages durchlebt hat, der hat lange genug gelebt. Die einsamsten Plätze sind nicht mehr einsam. Am Waldrain bemerkt der Mann der großen Welt mit Erstaunen, daß seine Stadtwerte von Groß und Klein, Weise und Töricht versagen; er hat einen Rucksack voll Sitten und Gebräuchen mitgebracht, aber er fühlt ihn beim ersten Schritt, den er in diesen Bezirk tut, von seiner Schulter gleiten. Hier ist eine Heiligkeit, die unsere Religionen beschämt, und eine Lebenskraft, die unsere Helden entthront. Hier erkennen wir, daß die Natur die Macht ist, die alle anderen Mächte zu Zwergen macht und die wie ein Gott über allen Menschen zu Gericht sitzt, die sich zu ihr flüchten. Wir sind aus unseren engen, dumpfen Häusern in die Nacht und den Morgen geschlichen, und wir sehen, welche majestätischen Schönheiten uns Tag für Tag am Busen der Natur erwarten. Die stummen Bäume scheinen

uns zuzurufen: lebt mit uns und verlaßt euer Leben der pomphaften Nichtigkeiten! Hier gibt es keine Geschichte, keine Kirche, keinen Staat, die an den göttlichen Himmel und die rollende Ewigkeit ihre Hand legen könnten.   N

Die Weltseele

54. In der Jugend sind wir in Personen vernarrt. In ihnen sieht unsere Kindheit und Jugend die ganze Welt. Aber die reifere Erfahrung des Mannes entdeckt, daß ein und dieselbe Natur durch alle hindurchscheint. Die Personen selbst sind es, die uns zur Erkenntnis des Unpersönlichen bringen. Bei jedem Gespräch, das zwischen zwei Personen stattfindet, besteht eine stillschweigende Beziehung auf einen Dritten, auf den beiden gemeinsamen Charakter. Dieser Dritte, dieser gemeinsame Charakter, ist nichts Soziales, sondern etwas Unpersönliches, ist Gott. Und ebenso wird in Versammlungen, die ernsthafte Fragen erörtern – und besonders wenn es an hohe Probleme geht – die Gesellschaft plötzlich gewahr, daß der Gedanke sich in allen Geistern auf ein gemeinsames Niveau erhebt, daß alle auf das, was gesprochen wird, ein ebenso großes geistiges Anrecht haben wie der, der es sagt. Sie werden alle weiser, als sie vorher waren. Der Einheitsgedanke wölbt sich über ihnen wie ein Tempel, macht jedes Herz höher schlagen, erfüllt sie mit edleren Gefühlen von Macht und Pflicht und gibt ihrem Denken und Handeln eine ungewöhnliche Feierlichkeit. Alle fühlen, daß sie in einen volleren Besitz ihres Wesens gelangt sind. Alle werden von einer bestimmten tiefmenschlichen Weisheit durchleuchtet, die dem größten Menschen mit dem niedrigsten gemein ist und von unserer landläufigen Erziehung oft zum Schweigen ge-

bracht und erstickt wird. Es gibt nur *einen* Geist, und die besten Geister, die die Wahrheit um ihrer selbst willen lieben, denken vom geistigen Eigentumsrecht am geringsten. Sie nehmen die Wahrheit überall dankbar an und stempeln und etikettieren sie nicht mit dem Namen eines bestimmten Menschen, denn sie hat ihnen immer gehört und wird ihnen in alle Ewigkeit gehören. Der Gelehrte und der Philosoph haben kein Monopol auf Weisheit. Die Heftigkeit, mit der sie eine bestimmte Richtung verfolgen, raubt ihnen bis zu einem gewissen Grade die Fähigkeit, unbefangen zu denken. Wir verdanken eine Menge der verschiedenartigsten Beobachtungen Leuten, die weder besonders scharfsinnig noch besonders tief sind und die ohne alle gewaltsame Anstrengung das aussprechen, was wir brauchen und was wir lange Zeit vergeblich gesucht haben. Die Wahrheit liegt über jeder Gesellschaft, und jedermann sucht sie unbewußt in jedem andern. Wir haben uns noch nicht völlig im Besitz, aber wir wissen doch zugleich, daß in uns viel mehr steckt, als wir zeigen können. Wie oft fühle ich bei einem trivialen Gespräch mit meinen Nachbarn, daß etwas Höheres in jedem von uns auf diese bedeutungslose Nebenhandlung herabblickt und daß hinter uns heimlich der Jupiter dem Jupiter zunickt.

Die Menschen steigen im Verkehr von ihrer Höhe herab. Im gewohnheitsmäßigen und niedrigen Weltdienst, dem zuliebe sie ihren angebornen Adel vergessen, gleichen sie jenen arabischen Scheiks, die in schlichten Häusern wohnen und äußerlich Armut zur Schau tragen, um der Habsucht des Paschas zu entgehen, und ihren

Reichtum in der Zurückgezogenheit ihrer wohlbehüteten Innenräume zur Schau stellen. os

55. Das Leben ist ein schrankenloses Privileg, und wenn du dein Billett gelöst und den Waggon bestiegen hast, so hast du keine Ahnung davon, welche gute Gesellschaft du dort finden kannst. Du handelst vieles ein, was dir nicht in Rechnung gestellt wird. So kommen manche Menschen unversehens zu irgendeiner Größe und Kraft, während sie auf ein ganz anderes Ziel losgesteuert haben.

Die latente Wärme einer Unze Holz oder Stein ist unerschöpflich. Du kannst denselben Kienspan hundertmal durch Reiben zum Brennen bringen, und ebenso ist das Maß an Glücksfähigkeit, das in jeder Seele schlummert, unberechenbar und kann niemals ausgeschöpft werden. cw

56. Der Mensch ist die Fassade eines Tempels, in dem alles Weise und Gute wohnt. Der Mensch, den wir für gewöhnlich Mensch nennen, der essende, trinkende, pflanzende, rechnende Mensch, ist, so wie wir ihn kennen, keine Darstellung seines Wesens, sondern eine Verzerrung seines Wesens. Ihn achten wir nicht. Aber vor der Seele, deren Organ er ist, würden wir unser Knie beugen, wenn sie durch seine Handlungen klar hindurchschiene. Wenn sie seinen Verstand durchweht, ist sie Genie; wenn sie seinen Willen durchweht, ist sie Tugend; wenn sie durch seine Empfindungen strömt, ist sie Liebe. Die Blindheit des Verstandes beginnt, wenn der Verstand etwas durch sich selbst sein will. Die Schwäche des Willens beginnt, wenn das Individuum etwas durch sich selbst sein will. Alle Veredlung hat

nur *einen* Zweck: sie will, daß die Seele ungehindert ihren Weg durch uns nehme, mit anderen Worten: daß wir ihren Eingebungen gehorchen. OS

57. Wir schreiben der Geschichte mehr Absichtlichkeit zu, als sie in Wirklichkeit besitzt. Wir unterschieben Cäsar und Napoleon tiefgegründete, weitschauende Pläne, aber der beste Teil ihrer Kraft lag in der Natur und nicht in ihnen. Ihr Erfolg war ihre Aufnahmefähigkeit für den allgemeinen Gedankenstrom, der in ihnen ein williges Bett fand. Die Wunder, deren sichtbare Träger sie waren, erscheinen in unseren Augen als ihre Taten. Aber haben denn die Drähte den Galvanismus hervorgebracht? Im Gegenteil, gerade in ihnen war am wenigsten davon, wie ja auch die Tugend einer Pfeife darin besteht, daß sie glatt und hohl ist. Was, von außen betrachtet, als ein eiserner Wille erscheint, ist in Wirklichkeit willenloses Insicheinströmenlassen.

Wenn wir diese Lehre voll erfassen, so werden wir bemerken, daß unser Leben viel leichter und einfacher sein könnte, als wir es uns machen, daß die Welt ein glücklicherer Wohnort sein könnte, als sie ist, daß Kämpfe, Krämpfe, Verzweiflungen, Händeringen und Zähneknirschen ganz überflüssig sind, und daß wir unsere Übel erst zu Übeln machen. Wir arbeiten durch unsere Einmischungen dem Optimismus der Natur entgegen; denn wenn wir jenen günstigeren Beobachtungsplatz einnehmen, zu dem uns ein weiseres Verständnis für Gegenwart und Vergangenheit erhebt, so vermögen wir zu erkennen, daß wir von Gesetzen umgürtet sind, die sich von selbst erfüllen.

Laßt uns von der Natur lernen, die immer mit den kürzesten Mitteln arbeitet. Wenn die Frucht reif ist, fällt sie vom Baum; wenn die Frucht eingebracht ist, fällt das Blatt. Der Kreislauf des Wassers ist ein einfaches Fallen. Das Gehen der Menschen und Tiere ist ein Vorwärtsfallen. Alle Arbeiten unserer Hände, alle unsere Kraftleistungen, wie Heben, Spalten, Graben, Rudern usf. kommen durch fortgesetzte Fallkraft zustande, und die Erdkugel, der Mond, die Kometen, die Sonne, die Sterne fallen und fallen. SL

58. Wenn wir Gerechtigkeit erkennen, wenn wir Wahrheit erkennen, so tun wir nichts aus uns heraus, sondern gestatten nur dem Strahl des Lichtes einen freien Durchgang. Gedankenlose Menschen widersprechen fremden Wahrnehmungen ebenso bereitwillig wie fremden Meinungen, ja sogar noch viel bereitwilliger. Sie bilden sich nämlich ein, daß es in meiner Willkür liegt, ob ich ein Ding so oder so sehe. Aber Wahrnehmung ist nicht Sache der Laune, sondern Sache des Schicksals. Wenn ich an einer Sache einen neuen Zug sehe, so werden ihn auch meine Kinder sehen, und im Laufe der Zeit das ganze Menschengeschlecht, obschon es sehr wohl möglich ist, daß ihn vor mir nicht ein einziger Mensch gesehen hat. Denn meine Wahrnehmung, die ich davon habe, ist eine ebenso sichere Tatsache wie die Sonne. SR

59. Laß die Weltseele sich in irgend einem armen Weibe verkörpern, das traurig und einsam dahinlebt, in irgend einer Dora oder Hanna, die in den Dienst geht, die Stuben fegt und den Flur scheuert – und ihr strahlender Glanz kann nicht im Dunkel und in der Verborgenheit bleiben, sondern

Fegen und Scheuern wird sogleich eine edle und schöne Beschäftigung werden, und die ganze Welt wird zum Scheuerlappen und zum Kehrbesen greifen. Aber siehe da! – schon hat die Weltseele sich ein neues Haus erwählt und eine neue Tat vollbracht, und diese ist nun die Blüte und Krone alles Seins. SL

60. Wir sehen täglich Gesichter, denen offenbar eine gute Form zugrunde lag, die aber beim Guß verdorben wurden. Ein Beweis dafür, daß wir alle zur Schönheit berufen sind, und daß wir schön geworden wären, wie jede Lilie und jede Rose schön ist, wenn unsere Vorfahren die Gesetze gehalten hätten. Aber unsere Körper passen nicht zu uns, sondern karikieren und verspotten uns. B

Liebe

61. Nichts verschönt Gesichtsausdruck, Haltung und Gestalt mehr als der Wunsch, Friede unter den Menschen zu verbreiten. Einem Fremden ein Abendessen oder ein Nachtquartier zu geben, ist gut; seinen edlen Gedanken und Vorsätzen ein gastliches Tor zu öffnen und sie zu ermutigen, ist besser. Wir müssen gegen einen Menschen ebenso zuvorkommend sein wie gegen ein Gemälde, dem wir auch gern den Vorteil der besten Beleuchtung einräumen. BHR

62. Ein schönes Weib dichtet das ganze Leben um, zähmt ihre wilden Genossen und pflanzt Zärtlichkeit, Hoffnung und Beredsamkeit in alle, die sich ihr nähern. Die Natur wünscht, daß das Weib den Mann anziehe, aber oft hat sie mit überlegener Hand in das Antlitz des Weibes ein wenig Sarkasmus gemischt, der zu sagen scheint: Ja, ich will anziehen, aber eine etwas bessere Sorte von Männern, als ich bis jetzt zu Gesicht bekommen habe.

Die Frauen stehen zur ganzen schönen Natur ringsum in Beziehung, und der verliebte Jüngling vermischt ihre Schönheit mit der Schönheit des Mondes und der Sterne, der Wälder und Seen und der Pracht des Sommers. Durch ihre Worte und Blicke heilen sie uns von unserer Schwerfälligkeit, und wir bemerken ihren geistigen Einfluß bei dem ernstesten Gelehrten; sie verfeinern und klären seinen Geist; sie lehren ihn, trockene und schwierige Fragen auf gefällige Art zu behandeln. Wir reden mit ihnen und wünschen, daß sie uns zuhören. Wir fürchten, sie zu langweilen, und erwerben uns eine Leichtigkeit des Ausdruckes, die von unseren Gesprächen auf den ganzen Stil unseres Wesens übergeht. B

63. Man hält unerwiderte Liebe für eine Schande. Aber der Weltwille weiß, daß es keine unerwiderte Liebe gibt. Echte Liebe wächst über ihren unwürdigen Gegenstand hinaus und schlägt im Ewigen ihren Wohnsitz auf. Es stört die Sonne nicht, daß fast alle ihre Strahlen vergeblich in den undankbaren Weltraum fallen und nur wenige auf einen rückstrahlenden Planeten. FR

64. Man fabelt davon, daß die Liebe blind sei, aber es gibt keine Erkenntnis ohne Güte; die Liebe ist keine Augenbinde, sondern ein Augenwasser. Weise Erwägung wird niemals zulassen, daß wir uns mit irgend einem Menschen auf einen unfreundlichen Fuß stellen. PR

65. Wir sind an die Menschen durch alle möglichen Arten von Banden geknüpft: durch Blut, durch Stolz, durch Furcht, durch Hoffnung, durch Gewinn, durch Wollust, durch Haß, durch Bewunderung, durch Äußerlichkeiten und Abzeichen und Nichtigkeiten aller Art, aber wir können uns nur schwer dazu überreden, daß ein anderer soviel Charakter besitzen könne, um uns durch Liebe an sich zu ziehen. FR

66. Die große Masse der Menschen glaubt an zwei Götter. Der eine Gott herrscht in ihren Häusern, als Freund und Verwandter, in geselligen Zirkeln, in den Wissenschaften und Künsten, in der Liebe und Religion. Aber im Reiche der Mechanik, wo es sich um Dampfkraft und Klima dreht, in der Welt des Handels und der Politik, scheint ihnen eine andere Gottheit zu regieren, und sie würden es für einen unpraktischen Mißgriff halten, die Methode und die Arbeitsmittel der einen Sphäre auf die andere zu übertragen. Dieselben Menschen sind zu Hause gute, ehrliche und vornehme Naturen und an der Börse Wölfe und Füchse. Dieselben Menschen sind in ihrem Wohnzimmer die ehrenhaftesten Charaktere und stimmen im Wahllokal für einen Schurken. Bis zu einer gewissen Grenze, glauben sie, sorge eine gütige Vorsehung für sie, aber in einem Dampfboot, bei einer Epidemie, in einem Kriege glauben sie unter der Botmäßigkeit einer bösartigen, wilden Kraft zu stehen. FT

67. Einsicht ist nicht Wille, und Neigung ist nicht Wille; Erkenntnis ist kalt, und Güte stirbt in Wünschen. Beide müssen sich vermischen, um die Tatkraft echten Willens zu erzeugen. Nur dort kann eine vorwärtsstrebende Kraft entstehen, wo der Mensch sich ganz und gar in Willen umsetzt, in der Art, daß der Wille ihn macht und er den Willen macht. FT

Entwicklung

68. Dampf war noch gestern der Teufel, vor dem wir zitterten. Jeder Topf aus dem Laden des erstbesten Hafners oder Gelbgießers hatte ein Loch in seinem Deckel, um den Feind herauszulassen, damit er nicht Topf, Dach und Haus in die Lüfte führe. Aber der Marquis von Worcester, Watt und Fulton bedachten, daß dort, wo Kraft sei, nicht der Teufel sein könne, sondern Gott sein müsse, daß man diese Kraft nützen müsse und ganz und gar nicht fortlassen und vergeuden dürfe. Konnte sie so spielend Töpfe, Dächer und Häuser heben, dann war sie ja der Arbeiter, den man so lange gesucht hatte. Sie konnte dazu verwendet werden, viel widerborstigere und gefährlichere Teufel aufzufressen: nämlich Kubikmeilen Erde, Berge, Gewicht und Widerstand des Wassers, Reibung und die Arbeiten aller Menschen in der Welt: die Zeit sollte sie verlängern und den Raum verkürzen. FT

69. Der alte Tantalus, der sich einst vergeblich abmühte, seinen Durst in einem Wasser zu löschen, das immer zurückwich, wenn er sich ihm näherte – dieser selbe Tantalus ist jüngst wieder gesehen worden. Er ist in Paris, in New York, in Boston. Er ist jetzt voll guter Hoffnungen, er denkt, er wird es doch noch zwingen: er wird die Woge auf Flaschen ziehen. Aber die Sache scheint mir doch ein wenig zweifelhaft. Die Dinge haben noch immer ihren bösen

Blick. Was bedeutet es, daß so viele Jahrhunderte menschlicher Kultur an uns vorbeigezogen sind? Jeder neue Mensch findet sich immer wieder am Rande des Chaos, immer wieder in einer Krisis. Kann jemand sich erinnern, daß einmal die Zeiten nicht hart waren, das Geld nicht knapp? Kann jemand sich erinnern, daß einmal an feinfühligen Menschen, an Männern, wie sie sein sollen, und an Frauen, wie sie sein sollen, Überfluß war?

Tantalus beginnt zu ahnen, daß die Dampfkraft eine Täuschung war und der Galvanismus nicht mehr wert ist als irgend etwas anderes. Viele Tatsachen vereinigen sich, um zu zeigen, daß unser Heil tiefer liegt als in der Welt des Dampfes, der Fotografie, des Luftballons und der Astronomie. WD

70. Bei Licht besehen wird unser Leben nur durch moralische und intellektuelle Fortschritte wirklich verfeinert. Moses unter den Hebräern, Buddha bei den Indern, die sieben Weisen, der scharfsinnige, geradlinige Sokrates und der stoische Zeno in Griechenland, Jesus in Judäa, die Realisten Huß, Savonarola und Luther im modernen Christentum, das sind wirksame Ereignisse, die die Völker zu neuen Überzeugungen geführt und das Niveau des Lebens gehoben haben. Angesichts dieser Tatsachen ist es frivol, auf die Erfindung der Buchdruckerkunst, des Schießpulvers, der Dampfmaschine, des Gaslichtes, der Zündhütchen und der Gummischuhe irgend welchen Nachdruck zu legen; denn das ist lauter Spielzeug, verglichen mit der Sicherheit, Freiheit und Heiterkeit, die eine gesunde Moral der Gesellschaft schenkt. Jene Künste machen unsere Zimmer und

Gassen behaglich, aber die läuternde Flamme einer neuen Moralität, die der Genius entzündet, zivilisiert die Zivilisation und verwandelt alles, was wir bis dahin heilig hielten, in platte Alltäglichkeit, so wie die Flamme des Öllichts sogleich einen Schatten wirft, wenn die Flamme des Gaslichts auf sie fällt. CIV

71. Das Auge ist der erste Kreis, der Horizont, den es bildet, ist der zweite, und durch die ganze Natur zieht sich diese Figur in endlosen Wiederholungen. Sie ist das höchste Sinnbild auf dem Zifferblatt der Welt. Der heilige Augustinus beschrieb die Natur Gottes als einen Kreis, dessen Mittelpunkt nirgends und dessen Peripherie überall sei. Wir sind immer damit beschäftigt, die Bilderfülle zu enträtseln, in die diese Urform sich kleidet. Wir lernen unser ganzes Leben hindurch die eine Wahrheit, daß sich um jeden Kreis ein zweiter ziehen läßt, daß es in der Natur keinen Abschluß gibt, sondern daß jeder Abschluß ein neuer Anfang ist, daß aus jedem Mittag sich eine neue Morgenröte erhebt und unter jeder Tiefe noch tiefere Tiefen sich öffnen.

Jede letzte Tatsache ist immer die erste Tatsache einer neuen Reihe; jedes allgemeine Gesetz ist nur das Teilchen eines noch allgemeineren Gesetzes, das sich alsogleich enthüllen wird. Für uns gibt es kein Draußen, keine hemmenden Schranken, keine letzte Peripherie. Ein Mensch schreibt seine Geschichte. Wie schön ist sie, wie abschließend! Wie gibt sie allen Dingen ein neues Gesicht! Sie erfüllt alle Himmel. Aber siehe da, auf der anderen Seite erhebt sich ein anderer Mensch und zieht einen Kreis um diesen Kreis, von dem wir eben noch dachten, er sei die Grenze der Welt.

Wie oft müssen wir diese Lektion noch lernen? Die Menschen hören auf, uns zu interessieren, wenn wir einmal ihre Grenzen erkannt haben. Es gibt nur *eine* Sünde: Begrenztheit. Sobald du auf die Grenzen eines Menschen gestoßen bist, bist du auch schon mit ihm fertig. Hat er Talent? Hat er Kraft? Hat er Wissen? Das spielt alles keine Rolle. Unendlich anziehend und verlockend war er dir noch gestern: eine große Hoffnung, ein Ozean, in dem du schwammst. Jetzt hast du seine Küsten entdeckt, hast entdeckt, daß er ein Teich ist, und es liegt dir nichts daran, ob du ihn jemals im Leben wieder siehst. CI

72. Die fossilen Schichten zeigen uns, daß die Natur mit rudimentären Formen begonnen hat und zu zusammengesetzteren fortgeschritten ist, in dem Maße, als die Erde sich zu einem geeigneten Wohnort für diese höheren Formen entwickelte. Auch sehen wir, daß die niedrigeren Bildungen verkümmern, wenn die höheren auf den Plan treten. Von sehr wenigen Exemplaren unserer Spezies kann man behaupten, daß sie schon vollkommene Menschen sind. Wir tragen noch immer Reste der früheren Vierfüßler-Organisation mit uns herum. Alle diese Millionen nennen wir Menschen, aber sie sind noch gar keine Menschen. Halb mit dem Boden verwachsen, mühsam nach Freiheit ringend, bedarf der Mensch aller himmlischen Musik, um sich zu sich selbst durchzuringen. Wenn Liebe, rotglühende Liebe mit Lust und Leid, wenn Not mit ihrer Geißel, wenn Krieg mit seinem Geschützdonner, wenn Christentum mit

seiner Barmherzigkeit, wenn Handel mit seinem Gelde, wenn Kunst mit ihren Bildnern, wenn Wissenschaft mit ihren Telegrafen, die die Tiefen von Zeit und Raum überbrücken – wenn dies alles seine trägen Nerven zum Schwingen bringen, durch laute Schläge die zähe Hülle sprengen und den neuen Menschen aus seiner Verpuppung erlösen kann, auf daß er frei und aufrecht ans Licht trete –: dann singt euern Päan!

Das Zeitalter des Vierfüßlers naht seinem Ende, das Zeitalter des Hirns und Herzens steht vor der Tür. Eine Zeit wird kommen, in der die schlechten Formen, die wir noch gekannt haben, sich nicht mehr werden bilden können. Die menschliche Kultur wird alles vorhandene Material für ihre Zwecke aufbrauchen, sie wird Hindernisse in Werkzeuge verwandeln, Feinde in dienstbare Geister, Furien in Musen und Höllenplagen in Wohltaten. CU

Glaube

73. Es ist sonderbar, daß unser Glaube immer nur so tief ist wie unser eigenes Leben. Wir können uns nicht denken, daß das Leben von Helden gewaltigere Kräfte offenbart als jenes Oberflächenspiel, mit dem wir uns amüsieren. Ein tiefer Mensch glaubt an Wunder und ist ihrer gewärtig, glaubt an Magie, glaubt, daß der Redner seinen Gegner vernichten kann, glaubt, daß der böse Blick verzaubern kann, glaubt, daß der Segensspruch, der aus dem Herzen kommt, heilen kann, daß Liebe unser Können erweitert und alle Hindernisse besiegt. Von einem großen Herzen strömen unaufhörlich geheime magnetische Kräfte aus, die große Ereignisse anziehen. Aber wir haben nur Schätzung für niedrige Nützlichkeitswerte, für einen braven Ehemann, einen Wähler, einen Bürger und mißachten alle Romantik des Charakters, ja vielleicht schätzen wir jeden Menschen nur nach seinem Geldwert und sehen auch in seinem Verstand und seinen Neigungen nur eine Art Bankbillett, das sich leicht in schöne Zimmer, Gemälde, Musik und Wein umsetzen läßt. B

74. Ganz sicher hat das Maß seiner Verehrung einen bestimmenden Einfluß auf die Gesundheit und die höchsten Kräfte eines Menschen, so daß sie gewissermaßen die Quelle seines Intellekts ist. Alle großen Zeiten sind Zeiten des Glaubens gewesen. Es ist sicher wahr, daß der Genius

auf den Höhen der Aufrichtigkeit wohnt, daß alle Schönheit und Macht, nach der die Menschen streben, in der Hochluft der Alpen geboren ist, daß jeder außerordentliche Grad von Schönheit bei einem Manne oder Weibe einem sittlichen Reiz entspricht. Ich glaube, wir sind nur sehr schwer dazu zu bringen, einem anderen Menschen einen höheren Grad von sittlichem Gefühl zuzusprechen, ein zarteres Gewissen, das empfindlicher ist oder feinere Unterschiede macht, ein Ohr, das die Notenskala von Recht und Unrecht schärfer aufnimmt als wir. Ich glaube, wir blicken auf jede Offenbarung solcher Eigenschaften zunächst mit ungläubigem Argwohn. Aber wenn wir einmal den vollen Beweis einer solchen Überlegenheit erlangt haben, dann setzen wir in diesen Genius die schrankenlosesten Erwartungen. Denn solche Personen stehen dem Geheimnis Gottes näher als andere. Sie baden in süßeren Wassern, sie sehen Zeichen und Bilder, wo andere ins Leere blicken.

Zwischen Intellekt und Sittlichkeit besteht eine innige gegenseitige Abhängigkeit. Man nehme zwei Menschen von gleichem Intellekt. Welcher wird die zuverlässigeren Urteile abgeben, der Gute oder der Herzlose? »Das Herz hat seine Vernunftgründe, die die Vernunft nicht kennt.« Denn das Herz bemerkt sogleich, ob etwas gesund oder krank ist, und dies ist die Kontrollfrage in allen Dingen. Gesund oder krank? Das ist das Hauptargument, das bei der Beurteilung entscheidet und wichtiger ist als alles andere, z. B. Scharfsinnigkeit, Umfang des Tatsachenmaterials, Eleganz der Rhetorik. So innig ist die Verknüpfung zwischen Geist und Herz, daß das Talent abnimmt, wenn der Charakter sinkt.

75. Die Sittlichkeit muß das Maß der Gesundheit sein. Wenn dein Auge auf die Ewigkeit gerichtet ist, wird dein Geist wachsen und deine Meinungen und Handlungen werden eine Schönheit bekommen, mit der keinerlei Bildung und Vorzüge anderer Menschen wetteifern können. In dem Augenblick, da du den Glauben verlierst und einen gewinnsüchtigen Standort einnimmst, wird unfehlbar die Sonnenwende deines Genius eintreten, du trittst in eine rückläufige Bewegung, und es ist unvermeidlich, daß du deine Anziehungskraft auf andere Geister verlierst. Selbst gewöhnliche Menschen merken dir diese Veränderung und diesen Rückschritt an, wenn sie dir auch auf die Schulter klopfen und dich dazu beglückwünschen, daß du endlich ein vernünftiger, praktisch denkender Mensch geworden bist. w

76. Wenn unsere höheren Kräfte in Tätigkeit sind, dann fühlen wir uns in der Welt heimisch, und Befangenheit und Unbehagen weichen natürlichen und angenehmen Empfindungen. Man hat beobachtet, daß die Beschäftigung mit ungeheuren Räumen und Zeiten, die die Astronomie mit sich bringt, dem Geist eine besondere Würde verleiht und gegen den Tod gleichgültig macht. Die Betrachtung schöner Naturbilder, der Anblick hoher Berge glättet unser Gemüt und hebt unsere Freundschaftsgefühle in eine höhere Sphäre. Ein hoher Dom und die weiten Gewölbe einer Kathedrale haben einen sichtbaren Einfluß auf unser Benehmen. Man sagt, daß steife Menschen etwas von ihrem linkischen Benehmen verlieren, wenn sie in eine weite Halle treten. Ich glaube, daß Bilder und Skulpturen auf unsere

Manieren eine erziehliche Wirkung ausüben und unserem Wesen etwas von seiner unruhigen Hast nehmen. CU

77. Alle große Kraft ist wirklich und elementar. Den starken Willen kann man nicht fabrikmäßig erzeugen. Um ein Pfund im Gleichgewicht zu halten, muß ein Pfund da sein. Wo ein Wille mächtig wirken will, da muß er sich auf die Weltkraft stützen. Alarich und Bonaparte müssen glauben, daß sie auf einer Wahrheit fußen, sonst kann ihr Wille gekauft oder von seiner Richtung abgelenkt werden. Jeder beschränkte Wille kann bestochen werden, aber die reine Liebe zu universellen Zwecken ist eine unbeschränkte Kraft und kann nicht bestochen oder von ihrer Richtung abgelenkt werden. Wer die Macht des sittlichen Gefühls an sich erfahren hat, der kann nicht anders: – er muß an unendliche Möglichkeiten glauben. Jeder Pulsschlag eines solchen Herzens ist ein Schwur zum Allerhöchsten. Ich weiß nicht, was das Wort »erhaben« anderes bedeuten könnte als die Ahnung einer furchtbaren Kraft, die das Menschenkind empfängt. FT

78. Die Menschheit hat einen so tiefen Hang zur inneren Erleuchtung, daß sich viel zur Verteidigung des Eremiten oder Mönches vorbringen läßt, der sein Leben ganz dem Denken und Beten gewidmet hat. Eine gewisse Parteilichkeit und Strudelköpfigkeit und der Verlust des inneren Gleichgewichtes ist die Taxe, die wir für jede Handlung zahlen müssen. Handle, wenn du willst – aber du tust es auf deine eigene Gefahr. Unsere Handlungen sind zu stark für uns. Zeigt mir einen Menschen, der gehandelt hätte und

nicht jedesmal das Opfer und der Sklave seiner Handlung geworden wäre! Was er einmal getan hat, das muß er ein zweitesmal wieder tun. Die erste Handlung sollte ein Experiment sein, aber sie wird zum Sakrament. Der eifrige Reformator verkörpert seine Begeisterung in irgend einem Ritus oder Bund, und er und seine Freunde hängen nun an der Form und verlieren die Begeisterung. Der Quäker hat den Quäkerismus unter Regeln gebracht, der *Shaker* hat sein Klosterleben und seine Tänze unter Regeln gebracht, und obgleich beide viel von Geist reden, so ist doch nirgends Geist, sondern Wiederholung, das Gegenteil des Geistes. Denn wo sind ihre neuen Dinge von heute? So zeigt sich sogar schon bei den Handlungen des reinen Enthusiasmus diese Schattenseite. Aber jene niedrigen Betätigungen, die kein höheres Ziel haben, als uns immer bequemer und immer feiger zu machen, die Handlungen der praktischen Gerissenheit, des Stehlens, des Lügens, die Handlungen, die die spekulativen Fähigkeiten von den praktischen Fähigkeiten trennen und Vernunft und Gefühl in Acht und Bann tun – die sind überhaupt nur Schattenseite und Verneinung. G

79. Glauben heißt: die Versicherungen der Seele annehmen, Unglauben: sich ihnen verschließen. Manchen Geistern ist es unmöglich, Skeptiker zu sein. Wenn sie gewisse Zweifel einräumen, so ist es mehr eine Art Höflichkeit und Gefälligkeit. Sie können sich getrost allen möglichen Spekulationen hingeben, denn sie sind sicher, daß ihr Geist seine Festigkeit nicht verlieren wird. M

80. In jedes Menschen Geist bleiben gewisse Bilder, Worte und Tatsachen haften, die von allen anderen Menschen vergessen werden, ohne daß er selbst etwas dazutut, sie sich einzuprägen; und eines Tages bemerkt er, daß sie ihm wichtige Weltgesetze erleuchten. Unsere ganze Entwicklung ist ein Sichauseinanderfalten, wie das Knospen einer Pflanze. Zuerst hat man einen Instinkt, dann eine Meinung, dann ein Wissen, wie die Pflanze Wurzel, Blüte und Frucht hat. Vertraue auf den Instinkt bis zum Ende, auch wenn du dir nicht immer über ihn Rechenschaft geben kannst. Es hat keinen Sinn, sein Wachstum zu beschleunigen. Vertraust du ihm bis zum Ende, so wird er zur Wahrheit ausreifen, und dann wirst du wissen, warum du glaubst.   1

81. Der Heilige ist der Anführer aller Menschen. Der Koran sieht eine besondere Klasse in denen, die von Natur aus gut sind und deren Güte die anderen Menschen beeinflußt, und erklärt diese Klasse als den Endzweck der Schöpfung; die übrigen Klassen sind als bloßes Gefolge zum Feste des Lebens zugelassen. Einer Seele von der ersten Art ruft der persische Dichter zu:

>»Geh kühn voran, berausche dich am Leben:
Erwählt bist du – geduldet folgt dein Troß.«

Das Vorrecht dieser Kaste ist der Zutritt zur geheimen Werkstatt der Natur durch eine höhere Methode als durch Erfahrung. Im gewöhnlichen Sprachgebrauch sagt man, daß ein Mann von ungewöhnlicher Geistesschärfe das, was ein Durchschnittsmensch bloß durch die Erfahrung lernen kann, ohne Vermittlung der Erfahrung zu erraten vermag. Die Araber erzählen von Abul Khain, dem Mystiker, und Abu Ali Sina, dem Philosophen, die miteinander disputierten; beim Abschied sagte der Philosoph: »Alles, was er sieht, weiß ich«, und der Mystiker sagte: »Alles, was er weiß, sehe ich.« Wenn wir nach dem Warum dieses intuitiven Schauens fragen wollten, so würde uns die Antwort auf jene Eigentümlichkeit führen, die Plato als »Gedächtnis« beschreibt und die bei den Brahmanen in der Lehre von der Seelenwanderung enthalten ist. Da die Seele zahlreiche Wiedergeburten erfährt, oder, wie die Hindu sagen, »durch tausend Geburten den Pfad des Daseins wandert« und dabei die Dinge der Erde, des Himmels und der Unterwelt geschaut hat, so gibt es nichts, wovon sie nicht Kenntnis erlangt hätte; kein Wunder, daß sie angesichts eines jeden Dinges imstande ist, sich zu vergegenwärtigen, was sie früher davon gewußt hat.   sw

82. Wir sind zum Glauben geboren. Ein Mensch hat Glauben, wie ein Baum Äpfel hat. Jedes Weltatom hält sich selbst im Gleichgewicht. Aufrichtigkeit ist die Lebensquelle jedes Geistes und die Nemesis und der Beschützer jeder Gesellschaft. Ich und meine Nachbarn sind in der Idee aufgewachsen, daß alles sich zersetzen und auflösen werde, wenn wir nicht bald eine gute Kirche bekämen: die calvinistische oder die römische oder die mormonische. Kein Jesaias oder Jeremias ist erschienen. Die Anarchie, die in unseren Himmeln eingerissen ist, kann niemand beschreiben. Die strengen alten Glaubensüberzeugungen sind alle zu Pulver zerrieben worden. Ein ganzes Volk von Gentlemen und Ladies

ist auf der Suche nach Religionen. Auf kirchlichem Gebiet herrscht die äußerste Verwirrung. Und dennoch werden wir mit dem Leben fertig. Das Gesetz verläßt die Menschheit nie; die Natur bringt alle ihre Werke von selbst ins Gleichgewicht. Sauerstoff und Stickstoff verbinden sich unter bestimmten Verhältnissen, und ebenso herrscht in unseren Fähigkeiten und Anlagen eine ewige Harmonie und eine Übereinstimmung zwischen Springfeder und Regulator. w

83. Der Gläubige entrinnt den Bibelzitaten und Texterläuterungen seiner Kirche und findet zu seiner Überraschung, daß er selbst ein Stück seiner Religion ist. Seine Religion denkt für ihn und läßt sich auf alles anwenden. Er wendet sie nach allen Seiten, sie paßt in jede Lebenslage, erläutert und veredelt jedes Ereignis. Statt einer Religion, die ihn wie ein diplomatischer Geschäftsträger drei- oder viermal besuchte – als er geboren wurde, als er sich verheiratete, als er krank wurde und als er starb – und sich im übrigen niemals um seine Angelegenheiten kümmerte, findet er hier eine Lehre, die ihn täglich und stündlich begleitet, sogar bis in seinen Schlaf und seine Träume; die ihm in sein Denken folgt und ihm zeigt, durch welch eine lange Reihe von Vorfahren seine Gedanken zu ihm herabgekommen sind; die ihm in die Gesellschaft folgt und ihm zeigt, welche Bande ihn mit seinen Geistesverwandten und seinen Antipoden verknüpfen; die ihm in die Natur folgt und ihm ihren Ursprung und Sinn zeigt und was sie Schönes und Wohltätiges bietet; die ihm Blicke in die Zukunft eröffnet, indem sie ihm zeigt, daß ewig dieselben Gesetze herrschen. sw

84. Große Gläubige galten zu allen Zeiten als Ketzer, Abtrünnige, Phantasten, Atheisten und eigentlich als Menschen, die gar nicht mitzählen. Zum Beispiel: mildtätige Seelen kommen zu einem solchen mit ihren Plänen und bitten ihn um seine Mithilfe. Wie kann er nur zögern? Denn es ist ja schon ein Gebot der Höflichkeit und Courtoisie, allen solchen Projekten zuzustimmen, den Leuten Mut zu machen und sie nicht frostig und finster abzuweisen. Aber er sieht sich genötigt, zu sagen: »O, diese Dinge werden immer so sein, wie sie sein müssen, was könnte ich dabei tun? Diese Unglücksfälle und Verbrechen sind die Blätter und Früchte der Bäume, auf denen sie gewachsen sind. Es hat keinen Zweck, über die Blätter und Beeren zu jammern; schneidet sie ab, und es werden gerade so schlechte nachwachsen. Ihr müßt mit eurer Kur tiefer beginnen.« Die edelmütigen Handlungen des täglichen Lebens sind ein Element, in dem er sich nicht wohl fühlt. Die Lebensfragen des Volkes sind nicht die seinigen, die Denkweise des Volkes ist nicht die seinige, und trotz aller Gegenstimmen seines gutmütigen Herzens ist er gezwungen, zu sagen: »Diese Leute wollen mir nicht gefallen.«

Sogar die Lehren von der göttlichen Vorsehung und der Unsterblichkeit der Seele, die der Hoffnung der Menschheit teuer sind, werden von seinem Nachbarn in einer Form vorgebracht, der er nicht zustimmen kann. Denn er leugnet, nicht weil er weniger Glauben hat, sondern weil er mehr Glauben hat. Er leugnet aus Ehrlichkeit. Er will lieber die Last des Skeptizismus auf sich nehmen als die Last der Unwahrhaftigkeit. »Ich glaube«, sagt er, »an den sittlichen Grundplan der Welt; er ist der Wohlfahrt der Seelen günstig. Aber eure Dogmen scheinen mir Karikaturen zu sein. Warum sollte ich die Leute veranlassen, sie zu glauben?« Darf irgend jemand sagen, das sei kalt und ungläubig gedacht? Ein weiser und hochherziger Mensch wird es nicht sagen. M

85. Wenn ein Mensch sagt, der heilige Geist habe ihm mitgeteilt, daß das jüngste Gericht (oder das jüngste der Gerichte) im Jahre 1757 stattgefunden habe, oder daß die Holländer in der anderen Welt in einem besonderen Himmel wohnen und die Engländer in einem besonderen Himmel, so muß ich darauf antworten, daß ein Geist, der heilig ist, auch zurückhaltend und schweigsam ist und nach Gesetzen denkt. Poltergeister und Kobolde klatschen und weissagen: die Lehren des heiligen Geistes sind verschlossen und in Rücksicht auf Einzelheiten negativ. Der Genius des Sokrates riet diesem niemals zu einer bestimmten Handlung, sondern er riet ihm nur ab, wenn er vorhatte, etwas Unvorteilhaftes zu tun. »Was Gott ist«, sagte Sokrates, »weiß ich nicht; was Gott nicht ist, weiß ich.« Die Hindus nannten das höchste Wesen die »innere Hemmung«. Die erleuchteten Quäker erklärten ihr Licht als etwas, das nicht zu einer bestimmten Handlung führe, sondern sich nur als Widerstand gegen unpassende Handlungen äußere.

Das Geheimnis des Himmels wird von Jahrhundert zu Jahrhundert bewahrt. Kein unkluger, kein geschwätziger Engel hat jemals eine voreilige Silbe als Antwort auf die Sehnsucht der Heiligen, die Ängste der Sterblichen verlauten lassen. Auf unseren Knien würden wir jenem Begünstigten lauschen, der durch strengeren Gehorsam seine Gedanken in Übereinstimmung mit den himmlischen Kreisen bringen und den irdischen Ohren eine Andeutung über den Wohnort und das Leben einer eben abgeschiedenen Seele geben könnte. Aber das eine ist sicher: dieser Ort muß dem Besten, was es in der Natur gibt, gleichkommen. Er darf auf keine tiefere Tonart gestimmt sein als die bereits bekannten Werke des Künstlers, der die Sonnenbälle formt und die sittlichen Gesetze schreibt. Er muß in frischeren Farben leuchten als die Regenbogen, fester sein als die Berge, er muß sein wie die Blumen, wie Ebbe und Flut, wie Aufgang und Untergang der herbstlichen Gestirne. Liederreiche Dichter müssen zu heiseren Straßensängern herabsinken, wenn einmal der große Grundton der Natur und des Geistes erklingt – der Erdschlag, der Meerschlag, der Herzschlag, der die Melodie macht, nach der die Erde rollt, nach der die Blutkörperchen und die Säfte der Bäume kreisen. sw

86. Wenn jemand behauptet, Gott zu kennen und dir von ihm mit Ausdrücken redet, die einem alten vermoderten Volk oder einem fremden Lande angehören, so glaube ihm nicht. Ist die Eichel weniger wert als die Eiche, deren Vollendung und Erfüllung sie ist? Ist der Vater mehr wert als das Kind, das die Frucht seiner Reife ist? Warum denn diese ganze Verehrung für die Vergangenheit? Die Jahrhunderte sind gegen die Gesundheit und das Selbstbestimmungsrecht der Seele verschworen. Zeit und Raum sind nur physiologische Farben, die das Auge hervorbringt, aber die Seele ist das Licht. Wo sie *ist*, ist Tag, wo sie *war*, ist Nacht; und die Geschichte ist eine Frechheit und eine Beleidigung,

wenn sie etwas anderes sein will als ein fröhliches Vorspiel und Gleichnis meines Seins und Werdens. SR

87. Palästina wird ein immer bedeutsameres Kapitel der Weltgeschichte und ein immer unfruchtbareres Element der Erziehung. Der Genius Swedenborgs, der auf diesem Gebiet unter allen modernen Denkern der umfassendste war, verödete sich selbst durch die Bemühung, etwas wieder zu beleben und zu konservieren, das längst seine natürlichen Grenzen erreicht hatte und dem es längst durch die Vorsehung, die die Jahrhunderte lenkt, bestimmt war, durch westliche Denkart und Ausdrucksweise in seiner Herrschaft abgelöst zu werden. Swedenborg und Böhme griffen beide fehl, da sie sich an das christliche Symbol wandten statt an das moralische Gefühl, das unzählige Christentümer, Menschlichkeiten, Göttlichkeiten in seinem Busen birgt. SW

88. Offenbarung ist die Erschließung der Seele. Die populäre Auffassung der Offenbarung glaubt, es handle sich dabei um das Voraussagen äußerer Umstände. In den Orakeln der Vergangenheit suchte der Verstand Antworten auf Fragen der Sinnlichkeit und wünschte von Gott zu erfahren, wie lange die Menschen leben, was ihrer Hände Arbeit und wer ihre Gesellschaft sein solle, mit Angaben von Namen, Daten und Orten. Aber wir dürfen keine Schlösser erbrechen. Wir müssen diese niedrige Neugierde zurückdrängen. Eine Antwort in Worten ist eine Irreführung, sie ist in Wahrheit keine Antwort auf diese Fragen. Verlange nicht eine Beschreibung der Länder, nach denen du segelst. Die

Beschreibung beschreibt sie dir nicht, und morgen wirst du hingelangen und sie kennenlernen, indem du sie bewohnst. Die Menschen stellen Fragen über die Unsterblichkeit der Seele, die Einrichtung des Himmels, den Zustand des Sünders, sie bilden sich sogar ein, daß Jesus genaue Antworten auf diese Fragen hinterlassen habe. Nicht einen Augenblick hat jener erhabene Geist in ihrem Rotwelsch geredet. Mit Wahrheit, Gerechtigkeit, Liebe, den großen Eigenschaften der Seele, ist der Gedanke der Unveränderlichkeit untrennbar verknüpft. Jesus lebte in diesen sittlichen Überzeugungen, unbekümmert um irdische Güter und nur mit jenen Offenbarungen beschäftigt, und trennte niemals den Gedanken der ewigen Dauer von dem Begriff dieser Eigenschaften, noch äußerte er jemals eine Silbe über die Dauer der Seele. Seinen Schülern blieb es überlassen, den Begriff der Dauer von dem Begriff jener sittlichen Grundkräfte zu trennen, die Unsterblichkeit der Seele als eine Doktrin zu verkünden und durch Beweise zu stützen. In dem Augenblick, wo die Doktrin der Unsterblichkeit als eine gesonderte Lehre auftritt, ist der Mensch schon gefallen. Die überströmende Liebe, die gottergebene Frömmigkeit weiß nichts von der Frage der Dauer. Gotterleuchtete Menschen haben niemals diese Frage gestellt oder sich zu diesen Beweismitteln herabgelassen. Denn die Seele hält sich ewige Treue, und ein Mensch, in dem sie ihren Wohnsitz aufgeschlagen hat, kann nicht von einer Gegenwart, die unendlich ist, in eine Zukunft wandern, die endlich wäre.

Diese Fragen, die wir über die Zukunft zu stellen lieben, sind ein Bekenntnis unserer Sündhaftigkeit. Gott hat auf sie keine Antwort. Niemals können Worte Antwort geben, wenn nach Taten gefragt wird.   os

89. An der Unsterblichkeit hat eine gut gebaute Seele kein großes Interesse. Steht es heute gut, so wird es auch in alle Zukunft gut stehen. Sie stellt keine Fragen an das höchste Wesen. Der Sohn des Antiochus fragte seinen Vater, wann er die Schlacht schlagen wolle. »Fürchtest du«, erwiderte der König, »daß du allein im ganzen Heer die Kriegstrompete nicht vernehmen wirst?« Daß wir leben werden, wenn es gut ist, daß wir leben – diese Überzeugung bietet uns einen höheren Schutz, als wenn wir einen Mietvertrag auf unzählige Jahrhunderte und Jahrtausende und Äonen hätten. Höher als die Frage unserer Dauer steht die Frage unseres Wertes. Unsterblichkeit wird denen zuteil werden, die sie verdienen, und wer im künftigen Leben eine große Seele haben will, der muß schon jetzt eine große Seele haben. Der Unsterblichkeitsglaube ist eine zu gewaltige Lehre, als daß er sich auf irgend eine Legende stützen könnte, das heißt auf irgend eine andere Erfahrung als unsere eigene.   w

90. Der Himmel wünscht mit uns nicht durch Stellvertreter zu verkehren; die Seelen werden nicht in Bündeln gerettet. Der Geist spricht zum Menschen: »Wie steht es mit dir? Mit dir ganz persönlich? Steht es gut? Steht es schlecht?« Für groß angelegte Naturen ist es ein Glück, ohne Religionsdrill aufzuwachsen: die Religion des Charakters wird so leicht beeinflußt. Religion muß immer eine wildwachsende Frucht sein; sie kann nicht okuliert werden und zu-

gleich ihre wilde Schönheit behalten. »Ich habe«, sagte ein Reisender, der die Extreme der Gesellschaft kennengelernt hatte, »die menschliche Natur in allen ihren Formen gesehen, sie ist überall dieselbe; aber je wilder sie ist, desto tugendhafter ist sie.« W

91. Ein Gebet, das einen Sondervorteil erfleht und nicht die Gesamtheit alles Guten, ist lasterhaft. Das Gebet ist die Betrachtung der Lebenstatsachen vom höchsten Standort aus. Es ist das Selbstgespräch der jubelnden Seele eines Schauenden. Es ist der Geist Gottes, der seine eigenen Werke gutheißt. Aber ein Gebet, das irgend einen Privatzweck erreichen will, ist Gemeinheit und Diebstahl. Es setzt voraus, daß zwischen Natur und Bewußtsein nicht Einheit, sondern Entzweiung besteht. Wenn der Mensch mit seinem Gott einig ist, so wird er nicht betteln. Er wird dann in jeder seiner Handlungen ein Gebet erblicken. Das Gebet des Landmannes, der auf seinem Felde niederkniet, um zu jäten, das Gebet des Ruderers, der beim Anziehen der Ruder die Knie beugt, das sind echte Gebete, die von der ganzen Natur vernommen werden, auch wenn sie keine Zwecke haben. Caratach in Fletchers »Bonduca« antwortet, um den Sinn des Gottes Audate befragt:

»In euern Taten liegt sein Sinn versteckt:
Denn euer bester Gott ist euer Wert.« SR

92. Die Gerechtigkeit des einen ist die Ungerechtigkeit des anderen, die Schönheit des einen ist die Häßlichkeit des

anderen, die Weisheit des einen ist die Torheit des anderen, je nachdem man dieselben Gegenstände von einem höheren oder niedrigeren Standpunkt betrachtet. Der eine ist der Ansicht, Gerechtigkeit bestehe darin, daß man seine Schulden zahlt, und hat maßlosen Abscheu vor einem anderen, der diesen Verpflichtungen nur sehr lässig nachkommt und die Gläubiger furchtbar lange warten läßt. Aber dieser andere hat seine eigene Art, die Dinge zu betrachten. Er fragt sich: Welche Schulden muß ich zuerst zahlen? Die Schulden an die Reichen oder die Schulden an die Armen? Die Geldschulden oder die Gedankenschulden, die Genieschulden? Für dich, du Krämer, gibt es nur rechnerische Probleme. Für mich sind Geldangelegenheiten von untergeordneter Bedeutung; Liebe, Treue, Aufrichtigkeit des Charakters, menschliches Streben, das sind meine Heiligtümer. Auch kann ich nicht, wie du, eine einzelne Pflicht von allen übrigen Pflichten trennen und meine Kräfte auf mechanischem Wege auf das Zahlen von Schulden konzentrieren. Laß mich nur vorwärts schreiten, und du wirst sehen, daß ich im Verlaufe meiner Entwicklung, wenn auch langsamer, alle diese Schulden begleichen werde, ohne höheren Ansprüchen ungerecht zu werden. Wenn alle Menschen sich ausschließlich dem Bezahlen von Rechnungen widmen wollten, wäre das nicht eine Ungerechtigkeit? Hat man keine anderen Schulden als Geldschulden, und müssen alle übrigen Ansprüche hinter den Forderungen eines Wirtes oder Bankiers zurückstehen?

Es gibt keine Tugend, die endgültig wäre. Alle sind nur Anfangsgründe. Die Tugenden der Gesellschaft sind Laster in den Augen der Heiligen. Die Angst, die wir vor sittlichen Reformen haben, beruht darauf, daß sie uns zwingen, alles, was wir bisher für Tugend hielten, in denselben Abgrund zu werfen, der schon unsere gröberen Laster verschlungen hat. CI

93. Gib Geld aus für das, was zu dir gehört, und streiche alle Ausgaben, die mit dir nichts zu schaffen haben. Wie ein Mädchen, das sich verlobt, durch *eine* sichere Neigung einem System von Sklaverei entrinnt – nämlich der täglich an sie von neuem herantretenden Notwendigkeit, allen zu gefallen –, so kann ein Mensch, der sich einmal über seine Lebensaufgabe klar geworden ist, seine Ausgaben auf diesen Punkt richten und alles übrige unterlassen.

Die Tugenden sind gute Ökonomisten, aber einige Laster auch. So habe ich beobachtet, daß nächst der Bescheidenheit der Stolz ein ganz guter Hausverwalter ist. Ein ordentliches Quantum Stolz entspricht nach meiner Schätzung einer Jahresrente von fünfhundert bis fünfzehnhundert Dollars. Stolz ist eine stattliche und wohlfeile Sache. Stolz entwurzelt eine Menge von Lastern und läßt kein einziges bestehen als sich selbst, und ich glaube daher, es wäre ein großer Gewinn, wenn man Stolz für Eitelkeit einhandeln könnte. Stolz kann ohne Dienerschaft, ohne feine Kleider auskommen, kann in zwei Zimmern wohnen, kann Kartoffeln, Portulak, Bohnen essen, kann den Pflug selbst führen, kann zu Fuß reisen, kann sich mit armen Leuten unterhalten und in feinen Salons schweigend und zufrieden in einer Ecke sitzen. Aber Eitelkeit kostet Geld, Arbeit, Pferde, Männer, Frauen, Gesundheit und Frieden und ist am Schlusse dasselbe wie vorher: ein langer Weg, der zu nichts führt. Die Sache hat nur *eine* Kehrseite: stolze Leute sind meist selbstsüchtig und geizig, und eitle Leute sind liebenswürdig und freigebig. WTH

94. Der Besitz eines Menschen ist nur die erweiterte Form seines Körpers und muß unter ähnlichen Gesichtspunkten betrachtet werden wie der körperliche Blutkreislauf. So gibt es keinen kaufmännischen Grundsatz, der nicht eine erweiterte Anwendung zuließe; zum Beispiel: »Die beste Verwendung des Geldes ist Schuldenzahlen«, »Jedes Geschäft soll durch sich selbst erledigt werden«, »Heute ist die beste Zeit«, »Sein Geld legt man am besten im eigenen Geschäft an« und dergleichen. Die Gesetze des Kontors, richtig erweitert, sind Weltgesetze. Die kaufmännische Ökonomie ist ein grobes Sinnbild der seelischen Ökonomie. Wir sollen danach trachten, unsere Kraft zu vermehren und nicht unsere Vergnügungen. Sein Einkommen ins Geschäft stecken heißt soviel wie: Einzelinteressen in Allgemeininteressen aufgehen lassen, Tage in Lebensabschnitte; seine Anlagen immer mehr vergrößern. Der Kaufmann hat nur *einen* Grundsatz: Einnehmen und Anlegen; er muß Kapitalist sein. Die Abfälle und Feilspäne müssen wieder zurück in den Schmelztopf, Gas und Rauch müssen verbrannt werden, und eine Vergrößerung der Einnahmen hat nicht eine Vergrößerung der Ausgaben zu bedeuten, sondern eine Vergrößerung des Kapitals. Nun gut: der Mensch muß auch Kapitalist sein. Will er sein Einkommen ausgeben oder will er es investieren? Sein Körper und jedes seiner Organe, alles steht unter demselben Gesetz. Sein Körper ist ein Topf, in dem sein Lebenssaft aufgespeichert ist. Will er

ihn für Vergnügungen aufzehren? Der Weg zum Ruin ist kurz und leicht. Will er ihn nicht vergeuden, sondern für Macht aufsparen? Dieser Weg geht durch die heiligen Gärungen, kraft deren die Natur zu immer höheren Stufen emporklimmt und Körperkraft in geistige und sittliche Kraft umwandelt. Das Brot, das wir essen, ist zuerst animalische Lebenskraft; in einem höheren Laboratorium wird es zu Phantasie und Denkkraft verarbeitet und in einem noch höheren zu Mut und Unerschütterlichkeit. Dies ist das richtig verstandene Interesse: das Kapital verdoppeln, vervierfachen, verzehnfachen – der Mensch zu seinen höchsten Machtmöglichkeiten gesteigert. WTH

95. Vernünftige Leute halten den Reichtum für ein Mittel, sich die ganze Natur zu assimilieren, die Kräfte und Säfte des Planeten zur Verkörperung ihrer Pläne zu verwenden. Macht wollen sie haben, nicht Zuckerwerk, Macht, um ihre Pläne auszuführen, Macht, um ihren Gedanken Hand und Fuß, Form und Leben zu geben, denn dies erscheint einem klarschauenden Mann als der Endzweck der Welt, dem alle Mittel und Kräfte zugeführt werden müssen.

Ein Dollar ist kein Wert, sondern verkörpert Werte, und, im Grunde genommen, moralische Werte. Reichtum ist geistig, Reichtum ist sittlich. Der Wert eines Dollars besteht darin, daß ich mir dafür gute Dinge kaufen kann, und ein Dollar wächst an Wert genau in dem Maße, in dem Genius und Tugend in der Welt zunehmen.

Reichtum bringt seine eigenen Hemmungen und Ausgleichungen mit sich. Die Grundlage aller politischen Ökonomie ist Nichteinmischung. Ihr einziges sicheres Gesetz stützt sich auf den selbsttätigen Messer von Angebot und Nachfrage. Gebt keine Gesetze! Mengt ihr euch ein, so schneidet ihr durch eure anmaßende Gesetzgebung allem Verkehr die Sehnen ab. Setzt keine Prämien aus, macht gleiche Gesetze, sichert Leben und Eigentum, und ihr braucht keine Almosen zu geben; öffnet dem Talent und der Tüchtigkeit die Tore, und sie werden sich selbst ihr Recht schaffen, und das Eigentum wird sich nicht in schlechten Händen befinden. Bei gesunden wirtschaftlichen Verhältnissen fließt das Eigentum von selbst von den Faulen und Unfähigen zu den Emsigen, Tapferen und Ausdauernden. WTH

96. Gegen den Reichtum spricht manches. Reichtum ist ein Notbehelf. Der Weise angelt mit seinem eigenen Wert und mit keinem gemeineren Köder. Der ganze Gebrauch, den wir vom Reichtum machen, bedarf der Revision und Reform. Freigebigkeit besteht nicht darin, daß ich Geld oder Geldeswert hergebe. Die sogenannten Güter sind nur die Schatten der wahren Güter. Einem Notleidenden Geld zu geben ist nur eine Ausflucht; es ist nur ein Aufschub der wahren Zahlung, ein Schweiggeld, ein Kreditsystem, bei dem mit papiernen Schuldscheinen statt mit barer Münze gezahlt wird. Wir schulden dem Menschen höheren Beistand als Brot und Feuer: wir schulden dem Menschen den Menschen. Ist er krank, unfähig, niedrigdenkend, abstoßend, so ist es deshalb, weil ihm so vieles widerrechtlich vorenthalten wurde, was zu seiner Natur gehörte. Wir sollten ihm in seine Finsternis folgen, seine bösen Dämonen bannen, ihn mannhaft ermuntern; wir sollten ihm nicht mit

gemeinen Reden kommen, in denen wir bedauern, daß wir ihm kein Geld geben können, oder mit gemeinen Wohltaten, in denen Geld die Hauptrolle spielt, sondern wir sollten ihm von unserem Heldentum, von unserer Reinheit, von unserem Glauben geben. Wir sollten ihm den Geist der Einsicht, der Gesundheit und Selbsthilfe bringen. Wenn wir ihm statt dessen Geld anbieten, so ist das geradeso, wie wenn der Bräutigam seiner Verlobten einen Barbetrag anbietet, damit sie ihn aus seinem Versprechen entläßt. Die großen Männer waren groß durch ihr Herz, nicht durch ihre Börse. Genie und Tugend sind wie die Diamanten: sie machen sich am besten in der einfachsten Fassung – in Blei gefaßt, in Armut gefaßt. Der größte Mann der Weltgeschichte war der ärmste. DL

97. Wer Wohltaten erweist, begibt sich auf ein gefährliches Fahrwasser, das einen vorsichtigen Segler oder ein starkes Boot erfordert. Es liegt nicht in der Natur des Menschen, Geschenke zu empfangen. Wie darf ich es wagen, ihm welche zu geben? Wir wünschen, von uns selbst zu leben. Wir vergeben dem Geber nie ganz. Die Hand, die uns füttert, ist immer in einer gewissen Gefahr, gebissen zu werden. Von der Liebe können wir alles empfangen, denn das ist gerade so gut, als ob wir es von uns selbst empfingen. Aber von einem, der mit dem Anspruch zu schenken auftritt, wollen wir nichts haben. Wir hassen bisweilen die Speise, die wir essen, weil eine gewisse demütigende Abhängigkeit darin liegt, daß wir von ihr leben.

Der ist ein ganzer Mann, der Geschenke richtig entgegenzunehmen weiß. Wir sind über ein Geschenk entweder froh oder ärgerlich, und beide Gefühle sind nicht am Platz. Etwas Verletzendes, Herabwürdigendes liegt darin, daß ich mich über ein Geschenk freue oder ärgere. Wenn das Geschenk mir besonders gut gefällt, so sollte ich Scham darüber empfinden, daß der Geber in meinem Herzen las und sah, daß ich seinen Luxus liebe und nicht ihn. Ein richtiges Geschenk muß von dem Geber zu mir hinüberströmen, und ebenso mein Geschenk zu ihm. Wenn die Gewässer auf gleicher Höhe stehen, fließen meine Güter zu ihm und seine zu mir. Was sein ist, ist mein, und was mein ist, ist sein. Ich sage ihm: Wie kannst du mir diesen Topf voll Öl oder diese Flasche voll Wein schenken, da doch all dein Öl und all dein Wein mir gehört und du diesen meinen Glauben durch dieses Geschenk nur widerlegen kannst? Daher eignen sich nur schöne Sachen zu Geschenken und niemals nützliche.

Übrigens sehe ich mit Vergnügen, daß wir nicht gekauft oder verkauft werden können. Das Beste der Gastfreundschaft und Freigebigkeit liegt nicht in unserem Willen, sondern im Schicksal. Ich bemerke, daß ich dir nicht viel bin: du brauchst mich nicht, du fühlst mich nicht: – dann bin ich aus deinem Hause gestoßen, obgleich du mir Haus und Garten zur Verfügung stellst. Dienste haben keinen Wert – nur Wahlverwandtschaft. Wenn ich versucht habe, mir jemanden durch Dienste zu verpflichten, so habe ich einen spekulativen Trick probiert – nichts weiter. Sie essen deine Dienste wie Äpfel und lassen dich stehen. Aber liebe sie, und sie werden dich fühlen und an dir immer ihre Freude haben. GF

98. Ist es nicht klar, daß wir nicht in die Senate oder an die Höfe oder in die Handelskammern, sondern in die Wohnhäuser gehen müssen, um die volle Stimme der Zeit zu vernehmen? Hier sind freilich Tatsachen, die schwerer zu entziffern sind. Es ist leichter, eine Volkszählung vorzunehmen, den Flächeninhalt eines Landes auszurechnen, seine Politik, seine Bücher, seine Kunst zu kritisieren, als in die Menschen und Häuser zu blicken und in ihrem Charakter und ihren Lebenshoffnungen zu lesen; und dennoch kreist unsere tiefere Ahnung immer um diese Dinge.

So laßt uns denn aus dem Gewühl der Öffentlichkeit in den Bezirk des Hauses treten. Wir wollen uns die Wohnzimmer, die Tischgespräche, die Haushaltungsbücher unserer Zeitgenossen ansehen. Gehorcht der Haushalt einer Idee; tritt der Mensch – seine Lebensform, sein Geist, seine Ziele – in seiner Wirtschaftsführung zutage; ist sie klarleuchtend, durchsichtig? In unserem häuslichen Leben sollte es nichts Schiefes und Konventionelles geben, sondern die Art unseres Geistes, die Richtung unserer Liebe sollte deutlich darin ausgeprägt sein. Man sollte den Charakter eines Menschen aus seinem Vermögen, seinem Feld und Garten, seinem Zimmerschmuck, kurz, aus jeder Ausgabe, die er macht, entnehmen können. Eines Menschen Geldstück sollte nicht dem Geldstück seines Nachbars nachrollen, sondern sollte ihm jene Dinge verkörpern, die er am liebsten hat. Man denkt: Ich bin eine Sache für sich, und meine Auslagen sind eine Sache für sich. Aber meine Auslagen sind mit mir identisch. Daß unsere Ausgaben und unser Charakter zwei verschiedene Dinge sind, das ist das Grundübel unserer Gesellschaft. DL

99. Die Sprache eines derberen Zeitalters hat den Satz aufgestellt, daß jedes Menschen Haus seine Burg sei; der Fortschritt der Wahrheit wird aus jedem Haus einen Altar machen. Ich denke, nur der könnte sich in unserer Zeit den Heldenruhm eines Epaminondas oder Phocion erwerben, der das *Haus* für uns erobern könnte. Der Mann, der mit Tapferkeit und Anmut jene Gorgo von Konvention und Mode niederringen und den Menschen zeigen würde, wie sie ein reinliches, schönes und tapferes Leben führen können, inmitten des bettelhaften Getriebes unserer Städte und Dörfer, der uns lehren würde, wie wir unsere Speisen essen und unsere Ruhestunden halten und mit den Menschen verkehren könnten, ohne im geringsten darüber erröten zu müssen, der würde dem Menschenleben seinen alten Glanz wiedergeben und seinen eigenen Namen allen Zeiten teuer machen. DL

Verkehr

100. Es gibt Stoffe, wie Kalium und Soda, die nur dann rein bleiben, wenn man sie unter Naphta hält. So verhält es sich auch mit Menschen, die ein bestimmtes Sondertalent verkörpern: ihre Eigenart bleibt mitten im Herzen der Großstadt und des Hoftreibens unberührt. Die Natur schützt ihr eigenes Werk. Archimedes und Newton sind für die Weltkultur unentbehrlich; sie isoliert diese Männer daher durch eine gewisse Trockenheit. Wären sie liebe Kerle gewesen, mit Sinn für Tanzen, Portwein und Klubs, so hätten wir keine »Sphärentheorie« und keine »Principia«. Sie hatten jenen unwiderstehlichen Drang nach Vereinsamung, der jedem Genie eigen ist. Jeder Mensch muß auf einem gläsernen Dreifuß stehen, wenn er seine Elektrizität in sich behalten will.   ss

101. Wenn wir Soireen langweilig finden und wenn die Soireen uns langweilig finden, so folgt daraus noch lange nicht, daß wir für die Gesellschaft nicht geschaffen sind. Wenn wir uns jene seltenen Stunden in Erinnerung rufen, in denen wir mit den besten Menschen in Berührung traten, so müssen wir sagen, daß wir erst damals uns selbst gefunden haben, und daß erst damals etwas ins Leben trat, was den Namen Gesellschaft verdient. Das war Gesellschaft, mag es nun in der Kajüte einer Brigg gewesen sein oder an den Küsten von Florida.

Ein kaltblütiger, schwerfälliger Mensch glaubt, er habe nicht genug Gesprächsstoff und dürfe sich an der Unterhaltung nicht beteiligen. Aber die, die sprechen, haben nicht mehr Stoff, sie haben weniger. Nicht neue Tatsachen soll er vermitteln, sondern er soll durch seine Wärme die Tatsachen in unseren Köpfen auflösen. Wärme bringt dich erst ins richtige Verhältnis zu der Fülle der aufgespeicherten Tatsachen.

Geselligkeit müssen wir haben, aber es soll wirkliche Geselligkeit sein und nicht Austauschen von Neuigkeiten und Essen aus derselben Schüssel. Ist das etwa Geselligkeit, wenn ich auf einem deiner Stühle sitze? Ich würde gern meine nächsten Verwandten besuchen, aber ich kann es nicht, denn ich bin nicht gern allein. Geselligkeit ist chemische Affinität – nichts anderes. Jedes Gespräch ist ein magnetisches Experiment.

Aber wir wollen nicht die Opfer von Worten werden. Geselligkeit und Einsamkeit sind irreführende Bezeichnungen. Nicht darauf kommt es an, ob wir mehr oder weniger Leute sehen, sondern ob wir gute Leiter für Sympathiegefühle sind.   ss

102. Feine Gesellschaft in der landläufigen Bedeutung hat weder Ideen noch Zwecke. Sie leistet den Dienst eines Parfümerie- oder Wäscheladens, nicht den einer Farm oder Fabrik. Sie ist eine bloße Decorumssache ohne leitenden Grundsatz, eine Sache der reinen Wäsche, der Equipagen, der Handschuhe, der Visitenkarten und anderer eleganter Nichtigkeiten. Ein Mann hat andere Maße für seine Selbstachtung als die Anzahl der reinen Hemden, die er täglich

anzieht. Die sogenannte »gute Gesellschaft« will sich amüsieren. Ich will mich aber nicht amüsieren; ich will nicht, daß das Leben eine wohlfeile Sache, sondern daß es eine heilige Sache sei; ich will, daß die Tage Jahrhunderte seien, reichgefüllt und duftend.

Jetzt aber rechnen wir sie als Banktage: nach irgend einer Schuld, die wir zu zahlen haben oder die uns gezahlt werden soll, oder nach irgend einem Vergnügen, auf das wir Appetit haben. cw

103. Der Verstand kann sich geradeso wenig selbsttätig entleeren, wie es eine Holzkiste kann. Der Wunsch, uns beim Sprechen den Bedürfnissen eines andern anzupassen, klärt unseren eigenen Geist. Eine bestimmte Wahrheit hat von uns Besitz ergriffen und ringt mit allen möglichen Mitteln danach, sich zum Ausdruck zu bringen. Jedesmal, wenn wir etwas gesprächsweise von uns geben, vollbringen wir eine mechanische Arbeit, indem wir es leicht und handlich weiterbefördern. Ich schätze die mechanischen Leistungen des Gesprächs. Ein Gespräch ist Flaschenzug, Hebel und Schraube.

Es hat keinen Wert für dich, wenn du einen Menschen findest, der ebensogut, ja sogar besser ist als du selbst, wenn er nicht für deinen Gebrauch adaptiert und zugeschnitten ist. Am meisten haben oft gerade diejenigen Menschen zu leiden, die am meisten zu sagen haben: Menschen von zarten Empfindungen, die in gemischter Gesellschaft stumm sind. Auch ein kluger Kopf wirkt lähmend auf sie, wenn er es nicht versteht, ihrer Eigenart ein Bett zu bahnen.

Ist es denn so unmöglich, daß unter uns Menschen leben,

die zu hoch stehen, als daß wir sie sehen könnten, wie es musikalische Noten gibt, die für die Aufnahmefähigkeit der meisten Ohren zu hoch sind? – Es gibt Leute, die nur einem oder zwei Mitmenschen gegenüber groß sind, weil diese ihnen mehr Gelegenheit dazu geben und besser auf sie gestimmt sind. CL

104. Gedankenaustausch ist die wichtigste Lebensfunktion. Unschätzbar ist ein Mensch, dem wir sagen können, was wir uns selbst nicht sagen können. Andere Menschen sind uns, ohne es zu wollen, schädlich und berauben uns der Denkkraft, belasten uns und sperren uns ab. Wenn *ein* Weiser in eine Gesellschaft von Menschen tritt, die sich gegenseitig sympathisch sind, so bedarf es nur seines Erscheinens, um alle weise zu machen, und ebenso kann ein einziger Dummkopf aus einer ganzen Gesellschaft lauter Dummköpfe machen. Einem solchen Bruder wohnt eine wunderbare lähmende Kraft inne. Wenn er in ein Büro oder einen Salon tritt, so stiebt die Gesellschaft auseinander, einer nach dem andern drückt sich hinaus, und er hat bald das ganze Lokal zur Verfügung. Was ist unerträglicher als alberne Reden? Eine Mücke ist ebenso unüberwindlich wie eine Hyäne. Torheit im Sinne von Ulk, Schabernack und Spaßmacherei ist leicht zu ertragen. Talleyrand sagt: »Ich finde Unsinn außerordentlich erfrischend.« Aber ein bösartiger aggressiver Narr wirft einen ganzen Haushalt über den Haufen. Ich habe einmal gesehen, wie eine ganze Familie von ruhigen und verständigen Leuten, die das Opfer eines solchen Schurken war, aus den Angeln gehoben und außer sich gebracht wurde. Die Stupidität eines einzi-

gen verdrehten Gehirns kann die besten Köpfe außer Rand und Band bringen, denn wir müssen ja mit seiner Albernheit kämpfen. Aber der Widerstand bringt den bösen Narren noch mehr in Saft, denn er glaubt, daß Natur und Schwerkraft völlig unrecht haben und nur er allein recht hat. Darum verwandeln sich alle Hausgenossen, sie mögen so gescheit und tüchtig sein, wie sie wollen, sehr bald in Widerleger, Ankläger, Aufklärer und Verbesserer dieses einen Bösewichtes. Es ist wie in einem Boot, das zu kentern droht, oder in einem Wagen, an dem die Pferde scheu geworden sind: – nicht nur der verrückte Pilot oder Kutscher, sondern jeder Insasse ist gezwungen, die lächerlichsten und absonderlichsten Stellungen einzunehmen, um das Fahrzeug im Gleichgewicht zu halten und das Umstürzen zu verhindern.

Wie sollten wir mit Leuten auskommen können, die nicht zu uns passen? Wenn wir mit ihnen beisammen bleiben, so ist der größte Teil unseres Lebens vergeudet, und unsere Erfahrung kann uns kaum etwas Besseres hierüber lehren, als unser erster Instinkt der Selbstverteidigung, nämlich: uns nicht mit ihnen einzulassen, uns in keiner Weise mit ihnen abzugeben, sondern ihrem Wahnsinn ruhig seinen Lauf zu lassen.

Gedankenaustausch ist eine Kunst, bei der der Mensch das ganze übrige Menschengeschlecht zu Mitbewerbern hat, denn es ist das, was alle ihr ganzes Leben hindurch betätigen. Unsere landläufige Art zu denken – wenn wir die Leute nehmen, wie sie sich für gewöhnlich geben – ist unbefriedigend, und ich fürchte, der Durchschnitt unserer Erfahrung ergibt, daß sie armselig und schmutzig ist. Wenn nun einer kommt, der dieses dunkle Haus mit Gedanken erleuchten kann, der den Menschen ihren angebornen Reichtum zeigt: welche Gaben sie haben, wie unentbehrlich jede einzelne ist, welche magischen Kräfte über Natur und Menschen sie besitzen und welche Zugänge zu Poesie, Religion und den Mächten, die ihren Charakter bilden: – ein solcher Mensch wird in ihnen das Bewußtsein ihres Wertes wecken, seine Anregungen werden ihnen neue Lebensmöglichkeiten eröffnen, neue Bücher, neue Menschen, neue Künste und Wissenschaften.

Fragen wir uns, was unsere schönsten Erlebnisse waren, so müssen wir sagen: es waren ein paar Stunden aufrichtigen Verkehrs mit weisen Menschen. Der Gedankenaustausch hat uns immer wieder gelehrt, daß wir zu höheren Kreisen gehören, als wir jemals dachten.

Nimm nun noch die Übereinstimmung des Willens und Temperaments hinzu, und der Bund der Freundschaft ist geschlossen. Es ist der Lieblingswunsch unseres Lebens, einen Menschen zu finden, der uns dazu bringen kann, das zu tun, was wir können. Dies ist der Dienst, den uns ein Freund leistet. An seiner Seite werden wir leicht groß. Jede unserer Tugenden weiß er mit wunderbarer Anziehungskraft aus uns hervorzulocken. Wie springen die Tore unseres Lebens vor ihm weit auseinander! Welche Fragen stellen wir an ihn! Wie verstehen wir uns! Wie weniger Worte bedarf es! Das ist die einzige wirkliche Gesellschaft.

Du blickst auf die letzten fünf Jahre zurück, und es spielt keine große Rolle, welche Mahlzeiten oder Kleider du gehabt hast, ob du im ersten Stock oder in der Dachkammer logiert hast, ob du Gärten und Bäder, Vieh und Pferde gehabt hast, ob du in einer eleganten Equipage gefahren bist oder in einem lächerlichen kleinen Blockwagen: diese Dinge werden sehr rasch vergessen und hinterlassen keinen Eindruck. Aber es ist sehr wichtig, ob du in dieser Zeit gute Gefährten gehabt hast – fast ebenso wichtig wie das, was du selbst getan hast. CW

105. Die Romane haben den Wert von Bibeln, wenn sie uns das große Geheimnis lehren, daß der beste Teil unseres Lebens warmer menschlicher Verkehr ist und der größte Erfolg das Vertrauen, d. h. das vollkommene Verständnis, das sich aufrichtige Menschen entgegenbringen. Es ist der Reiz aller guten Romane und auch aller guten Geschichtswerke, daß ihre Helden ein schönes gegenseitiges Verständnis zeigen und auf dem Fuß eines tiefen gegenseitigen Vertrauens miteinander verkehren. Herrlich ist's, von einem andern zu fühlen und zu sagen: »Ich brauche ihn nicht zu sehen, nicht mit ihm zu sprechen, ihm nicht zu schreiben. Wir brauchen unsere Gefühle nicht zu verstärken und uns keine Erinnerungszeichen zu schenken: – ich stütze mich auf ihn wie auf mich selbst; wenn er das oder jenes tut, so weiß ich, es ist recht.« BHR

Freundschaft

106. Ein Freund ist eine Art Paradoxon der Natur: ich, der ich allein bin, ich, der ich außer mir nichts in der Natur erblicke, dessen Existenz ich mit voller Bestimmtheit behaupten kann, sehe auf einmal mein Wesen in all seiner Höhe, Vielfältigkeit und Absonderlichkeit in einem fremden Spiegelbild wiederholt; und so kann man denn den Freund sehr wohl das Meisterstück der Natur nennen.   FR

107. Betrachte deinen Freund wie ein Schauspiel. Warum wollen wir eine vornehme und schöne Seele entweihen, indem wir uns in sie eindrängen? Warum durchaus diese raschen persönlichen Beziehungen mit unseren Freunden? Warum in ihr Haus gehen, ihre Mutter, ihre Brüder, ihre Schwestern kennenlernen, warum von ihnen Gegenbesuche empfangen? Sind alle diese Dinge denn wesentlich für unsern Bund? Laßt dieses Berühren und Sichansaugen! Behandelt euren Freund wie eine Geistererscheinung. Eine Erleuchtung, einen Gedanken, ein offenes Wort, einen Blick will ich von ihm haben, aber nicht Neuigkeiten und einen Löffel Suppe. Er sei dir immer nur ein schöner, unbezwinglicher, ehrfürchtig verehrter Feind und kein gemeiner Bequemlichkeitsgegenstand, über den du bald hinauswächst und den du dann fortwirfst. Die Farbe des Opals, das Licht des Diamanten ist nicht zu sehen, wenn das Auge zu nahe gerückt ist.   FR

108. Eine so große Sache wie die Freundschaft sollen wir mit aller Geistesgröße behandeln, die wir besitzen. Laßt uns schweigen: nur so können wir das Geflüster der Götter vernehmen. Nur keine Einmischungen! Wer hat dir gesagt, daß du mit dem, was nur für erlesene Seelen bestimmt ist, herumwerfen sollst, und wer hat dir gesagt, wie du mit solchen Seelen zu reden hast? Es kommt gar nicht darauf an, wie geistreich, wie witzig, wie liebenswürdig du sprichst. Es gibt unzählige Stufen der Torheit und der Weisheit, aber hier ist überhaupt jedes Wort eine Frivolität. Warte, und dein Herz wird sprechen. Warte, bis die ewige Notwendigkeit dich überwältigt, bis der Tag und die Nacht selbst auf deine Lippen treten. FR

109. Wir wissen ganz genau, daß wir alles in uns haben. Aber wir gehen nach Europa, wir suchen berühmte Persönlichkeiten auf, wir lesen Bücher in dem festen Glauben, daß diese es aus uns herauslocken und es uns enthüllen werden. Lauter armseliger Kram. Die Persönlichkeiten sind genau so wie wir, Europa ist ein altes, fadenscheiniges Leichengewand, die Bücher sind Gespenster. Weg mit diesem ganzen Götzenkult! Schluß mit diesen Betteleien! Wir wollen unserem teuersten Freund Lebewohl sagen und ihn verleugnen und sagen: »Wer bist du? Laß meine Hand. Ich will nicht länger abhängig sein.« Ach, siehst du denn nicht, mein Bruder, daß wir nur scheiden, um uns auf einer höheren Tribüne wieder zu treffen, und daß wir einander nur dann angehören werden, wenn wir uns selbst angehören? Ein Freund ist ein Januskopf. Er blickt in Vergangenheit und Zukunft. Er ist das Kind all meiner verflossenen Stunden

und der Prophet der kommenden Zeit: er ist der Vorläufer eines größeren Freundes. So halte ich's denn mit meinen Freunden, wie ich's mit meinen Büchern halte. Ich *habe* sie gern zur Hand, aber ich *nehme* sie selten zur Hand. Ich bin nicht in der Lage, mit meinem Freunde viel zu sprechen. Ist er groß, so macht er auch mich so groß, daß ich nicht zu einem Durchschnittsgespräch herabsteigen kann. FR

110. Für aufwärts schreitende Seelen ist alle Liebe und Freundschaft nur eine Augenblicksempfindung. Liebst du mich? heißt soviel wie: Siehst du dieselbe Wahrheit wie ich? Tust du es, so sind wir glücklich über dasselbe Glück: aber plötzlich tritt einer von uns in eine neue Wahrheit ein. Wir sind getrennt, und keine Kraft der Welt kann uns zusammenhalten. Ich weiß, wie köstlich der Liebestrank ist, dieses: ich lebe für dich, du lebst für mich; aber es ist die Anhänglichkeit eines Kindes für sein Spielzeug, ein Versuch, Kamin und Brautgemach zu verewigen, an dem Bilderalphabet festzuhalten, das unseren ersten Leseunterricht angenehm begleitete. Das Eden Gottes ist öde und groß. Es ist wie die weite Landstraße, vom abendlichen Kamin gesehen: sie scheint uns kalt und trostlos, solange wir über der Kohlenglut kauern; aber sind wir einmal draußen, so bedauern wir alle, die für Kerzenlicht und Kartenspiel auf die Pracht der Natur verzichten. Lieben, im niedrigen Sinne des Besitzenwollens, ist weit davon entfernt, etwas Göttliches zu sein. Nein, nur wenn du mich verläßt und verlierst, um dich einem Gefühl hinzugeben, das höher steht als wir beide, nur dann fühle ich mich

dir nah und finde mich an deiner Seite. Und ich fühle mich zurückgestoßen, wenn du dein Auge auf mich heftest und von mir Liebe begehrst.

In der geistigen Welt ändern wir jeden Augenblick unser Geschlecht. Du liebst meinen Wert, dann bin ich dein Gatte. Aber du liebst nicht mich, sondern es ist mein Wert, der deine Liebe anzieht; und dieser Wert ist ein Tropfen aus dem Ozean von Werten, die sich außerhalb meines Ichs befinden. Inzwischen verehre ich einen größeren Wert in einem anderen und werde so sein Weib. Dieser strebt wieder nach einem höheren Wert in einem anderen Geist und wird Weib durch diese Empfängnis. sw

111. Deine Güte muß scharfkantig sein – sonst ist sie keine. Die Religion des Hasses muß gepredigt werden als Gegengewicht gegen die Religion der Liebe, wenn diese winselt und weint. Ich will Vater und Mutter meiden und Schwester und Bruder, wenn mein Genius mich ruft. Ich möchte über meine Tür das Wort »Laune« schreiben. Ich hoffe, am Ende wird etwas Besseres herauskommen als Laune. Aber wir können unsere Zeit nicht mit Kommentaren vergeuden. Erwarte nicht, daß ich dir einen Grund dafür angeben werde, warum ich Gesellschaft aufsuche und warum ich Gesellschaft meide. Ferner rede mir nicht – wie es ein guter Mann heute mal wieder tat – von meiner Verpflichtung, allen armen Leuten zu einem guten Auskommen zu verhelfen. Sind sie *meine* Armen? Ich will dir sagen, du närrischer Philanthrop, daß ich Leuten, die nicht zu mir gehören und zu denen ich nicht gehöre, jeden Dollar, jedes Zehncentstück, jedes Centstück mißgönne. Es

gibt eine Reihe von Leuten, mit denen ich durch alle Bande geistiger Verwandtschaft verknüpft bin, denen ich mich vollständig verkauft habe, für die ich ins Gefängnis gehen würde, wenn es nötig wäre, aber dieses Vielerlei von populären Mildtätigkeitsakten, diese Erziehung von Dummköpfen an unseren Universitäten, dieses Bauen von Versammlungshäusern zu jenen nichtigen Zwecken, die jetzt modern sind, dieses Almosengeben an allerlei Tröpfe und diese massenhaften Unterstützungsgesellschaften: – nun, ich muß zu meiner Schande sagen, daß ich hie und da unterliege und für solche Sachen meinen Dollar hergebe, aber es ist ein miserabler Dollar, und ich werde nach und nach die Kraft gewinnen, mir ihn abzugewöhnen.

Die Menschen leisten ihre sogenannten guten Handlungen, diese vermeintlichen Heldenstücke von Mut und Barmherzigkeit, mehr in der Art, in der man ein Strafgeld für unbefugtes Fernbleiben von der Parade entrichtet. Sie sehen in diesen Werken eine Art beschönigende Entschuldigung für die Tatsache, daß sie auf der Welt sind – wie etwa Invalide und Irrsinnige ein hohes Kostgeld zahlen. Ihre Tugenden sind Bußgelder. Ich wünsche aber nicht Buße zu tun, sondern zu leben. Mein Leben ist für sich selber da und nicht für irgend eine Schaustellung. Zu allererst will ich sehen, ob du ein Mann bist, und ich lehne jeden Appell vom Manne an seine Taten ab. Ich weiß, daß es für mich persönlich gar keinen Unterschied macht, ob ich jene Handlungen, die als besonders ausgezeichnet gelten, tue oder nicht tue. Ich habe nicht die Absicht, Gebühren für Privilegien zu zahlen, wenn ich ein angestammtes Recht besitze. Es mag sein, daß meine Gaben gering und niedrig sind, aber jedenfalls bin ich da und lebe, und für meine Existenz oder die Existenz meiner Gefährten brauche ich nicht die Bestätigung eines andern. SR

112. Quäle dich nicht mit Gedanken ab, sondern gehe an dein Geschäft. Das Leben ist nicht intellektuell oder kritisch, sondern greift handfest zu. Menschen, in denen die Lebenskräfte gut gemischt sind und die sich ohne viel Fragerei an allem erfreuen, was sie finden: denen hat das Leben sein Bestes zu bieten. Die Natur haßt neugierige Seitenblicke, und unsere Mütter meinen ganz dasselbe, wenn sie sagen: »Kinder, eßt euer Vesperbrot und redet nicht viel.« Die Stunde ausfüllen: das ist Glück. Die Stunde ausfüllen und keine Ritze offen lassen, durch die Reue oder Billigung sich einschleichen können. Wir leben auf lauter Oberflächen, und die echte Lebenskunst besteht darin, möglichst glatt über sie hinwegzuschlittern. E

113. Wenn unsere jungen Leute bei ihren ersten Unternehmungen scheitern, so verlieren sie sofort allen Mut. Wenn der junge Kaufmann Unglück hat, so sagen die Leute: er ist ruiniert. Wenn der beste Kopf an einer unserer Universitäten studiert und nicht innerhalb eines Jahres in Boston oder New York eine Anstellung findet, so scheint es ihm und seinen Freunden, daß er ein Recht dazu hat, entmutigt zu sein und den Rest seines Lebens mit Klagen zu verbringen. Ein wetterfester Bursche aus New Hampshire oder Vermont, der sich nacheinander in allen Berufen versucht, der Kutscher, Farmer, Hausierer ist, eine Schule aufmacht, predigt,

eine Zeitung herausgibt, Kongreßmitglied wird, einen Baugrund kauft usw. und wie eine Katze immer auf die Füße fällt –, der ist hundertmal mehr wert als diese Stadtpuppen. Er hält gleichen Schritt mit seiner Zeit und schämt sich gar nicht, daß er »keinen Beruf gelernt hat«, denn er schiebt sein Leben nicht auf die lange Bank, sondern lebt es gleich. Er hat nicht *eine* Aussicht, sondern hundert Aussichten. SR

114. Es ist lächerlich, daß wir Diplomaten, Doktoren und wohlberechnende Leute sind. Niemand ist leichter zu düpieren als solche Menschen. Die Natur haßt alles Kalkulieren. Ihre Methoden sind sprunghaft und impulsiv. Wir nähren uns von Zufälligkeiten. Unsere glücklichsten Experimente waren Zufälle.

Alles Können ist schamhaft und will nicht bloßgelegt werden. Jeder Mensch ist eine Unmöglichkeit, bis er geboren wird. Jedes Ding ist unmöglich, bis wir seinen Erfolg sehen. Die wärmste Frömmigkeit und der kälteste Skeptizismus kommen schließlich darin überein, daß nichts uns angehört und nichts unser Werk ist, daß alles von Gott kommt. E

115. Es ist eine Täuschung, wenn man glaubt, daß die gegenwärtige Stunde nicht die kritische, die entscheidende Stunde sei. Schreibe es in dein Herz, daß jeder Tag der beste Tag des Jahres ist. Niemand hat vom Leben etwas Ordentliches gelernt, so lang er nicht weiß, daß jeder Tag Gerichtstag ist. Es ist das alte Geheimnis der Götter, daß sie in Alltagsverkleidung erscheinen. – Eine andere Täuschung besteht darin, daß wir annehmen, wir hätten für unser Werk

nicht genug Zeit. Aber wir mögen bedenken, daß zwar viele Geschöpfe aus derselben Schüssel essen, daß aber jedes, entsprechend seiner körperlichen Anlage, sich nur diejenigen Stoffe assimiliert, die ihm gehören, sei es nun Zeit, Raum, Licht, Wasser oder Nahrung. Eine Schlange verwandelt alles, was die Wiese ihr darbietet, in Schlange, ein Fuchs verwandelt alles in Fuchs, und Peter und Hans verarbeiten die ganze Welt zu Peter und Hans. Ein armer Indianerhäuptling von den sechs Nationen von New York gab eine weisere Antwort als jeder Philosoph, als ihm einer vorjammerte, er habe nicht genug Zeit. »Na«, sagte Red Jacket, »ich denke, du hast doch alle Zeit, die's gibt.« WD

116. Ein Farmer sagte: »Ich möchte gern alles Land haben, das an meinen Acker grenzt.« Bonaparte, der denselben Appetit hatte, war bemüht, das Mittelmeer zu einem französischen See zu machen. Zar Alexander war schon ehrgeiziger: er wünschte, das Stille Meer »seinen Ozean« zu nennen, und die Amerikaner waren genötigt, diese Pläne zu durchkreuzen. Aber wäre die Erde seine Viehweide und das Meer sein Karpfenteich, er wäre immer noch ein armer Schlucker. Der allein ist reich, dem der Tag gehört. Kein König, kein Reicher, keine Fee, kein Dämon besitzt solche Macht wie er. Die Tage sind noch immer so göttlich, wie sie es den ersten Ariern waren. Sie verlangen nichts und vollbringen alles, sie kommen und gehen wie vermummte, verschleierte Gestalten, wie Boten aus fernem Freundesland, aber sie sagen nichts, und wenn wir die Gaben, die sie uns schweigend anbieten, nicht nützen, so nehmen sie sie ebenso schweigend wieder mit fort. WD

117. Wir suchen alle dasselbe mit unersättlicher Sehnsucht: wir wollen uns selbst vergessen, unseren Erinnerungen entfliehen und etwas tun, ohne zu wissen, wie und warum, mit einem Wort: wir wollen einen neuen Kreis ziehen. Nichts Großes ist ohne Enthusiasmus vollbracht worden. Der Weg des Lebens ist wunderbar; er geht durch Hingebung. Die großen Taten der Geschichte waren mühelose Leistungen, denn sie wurden durch die Kraft großer Ideen vollbracht: wie die Werke des Genius und der Religion. »Der Mensch«, sagte Oliver Cromwell, »steigt immer dann am höchsten, wenn er nicht weiß, wohin er sich begibt.« CI

Schicksal

118. Es ist kurzsichtig, dem Glauben durch die Gesetze der Schwerkraft, der Chemie, der Botanik usw. Schranken zu setzen. Die Gesetze hören nicht dort auf, wo wir sie aus dem Auge verlieren, sondern dieselbe Geometrie und Chemie findet auf höherer Stufe ihre Fortsetzung und beherrscht den unsichtbaren Plan des geistigen und gesellschaftlichen Lebens.

Flache Menschen glauben an Glück, glauben an äußere Umstände: irgend ein Name war schuld, oder man hätte damals gerade woanders sein sollen, oder es war damals so und an einem anderen Tage wäre es anders gewesen. Starke Menschen glauben an Ursache und Wirkung. Ein Mensch wird geboren, um das und das zu tun, und sein Vater wurde geboren, um sein Vater zu sein und der Vater seiner Taten. Und wenn man näher zusieht, so wird man bemerken, daß gar kein Glück bei der Sache war, sondern alles war ein arithmetisches Problem oder ein chemisches Experiment. Die Fluglinie der Fliege ist vorausbestimmt, und alle Dinge vollziehen sich nach dem Gesetz von Zahl, Maß und Gewicht. w

119. Die Dinge, die dir in Wahrheit bestimmt sind, gravitieren zu dir hin. Du läufst herum und suchst einen Freund. Laß deine Füße laufen, deine Seele hat es nicht nötig. Wenn du ihn nicht findest, warum sollst du es denn nicht dabei

bewenden lassen und dir denken: Es war das beste, daß ich ihn nicht gefunden habe? Denn wenn in dir eine Anziehungskraft ist, so ist in ihm dieselbe Anziehungskraft, und ihr könntet daher sehr leicht zusammengebracht werden, wenn es so am besten wäre. Du bereitest dich mit Eifer darauf vor, eine Tat zu vollbringen, zu der deine Anlagen, dein Geschmack, deine Liebe zur Menschheit und deine Hoffnung auf Ruhm dich drängen. Ist es dir niemals in den Sinn gekommen, daß du kein Recht darauf hast, sie zu vollbringen, wenn du nicht ebenso bereit bist, dich an ihr verhindern zu lassen? O glaube mir, so wahr du lebst: Jeder Laut, der auf der ganzen weiten Welt gesprochen wird, wird an dein Ohr zittern, wenn du ihn hören sollst. Jedes Sprichwort, jedes Buch, jede Seitenbemerkung, die zu dir gehört, die deiner Förderung oder deinem Trost dient, wird sicherlich zu dir kommen, auf geraden Wegen oder auf Umwegen. Jeder Freund, den nicht deine phantastische Willkür, sondern dein großes und zärtliches Herz ersehnt, wird dich in seine Arme schließen. Denn das Herz in dir ist das Herz des Alls. Keine Wehr, keine Mauer, kein Riß ist rings in der Natur, sondern *ein* Blut rollt in unaufhörlichem und ungehemmtem Kreislauf durch alle Menschen, wie ja auch das Wasser der Erdkugel nur ein einziges Meer bildet. os

120. Niemand kann lernen, was er nicht in sich hat, mag der Gegenstand seinem Auge noch so nahe gerückt sein. Ein Chemiker kann sein wertvollstes Geheimnis einem Tischler erzählen, er wird ihn dadurch nicht klüger machen: dasselbe Geheimnis, das er um keinen Preis einem Chemiker verraten würde. Gott schützt uns immer vor frühreifen

Ideen. Unsere Augen sind so beschaffen, daß wir den Dingen nicht früher ins Antlitz sehen können, bis die Stunde sich erfüllt hat, in der unser Geist für sie reif geworden ist. Erst dann werden sie uns sichtbar, und die Zeit, da wir sie nicht erblicken konnten, dünkt uns ein Traum.

Nicht in der Natur, sondern im Menschen liegt all die Schönheit und Größe, die er sieht. Man wird nicht besser durch Sonne und Mond, Landschaft und Bäume, wie man ja auch nicht die Beobachtung gemacht hat, daß die Aufseher der römischen Galerien oder die Farbenreiber der Maler einen besonders hohen Gedankenflug haben, oder daß die Bibliothekare klüger sind als andere Leute. In dem Benehmen des feingebildeten und vornehmen Menschen liegt eine Anmut, die für das Auge des Flegels nicht vorhanden ist. Es ist damit wie mit gewissen Sternen, deren Licht die Erde noch nicht erreicht hat. SL

121. Die Natur paßt den Menschen mit wunderbarer Zauberkraft seinen äußeren Umständen an, indem sie diese zur Frucht seines Charakters macht. Enten zieht es zum Wasser, Adler zum Himmel, Sumpfvögel zum Ufer, Jäger zum Wald, Kommis zum Kontor, Soldaten zur Grenze. So wachsen Ereignisse und Personen an demselben Stamm; Ereignisse sind Unterpersonen. FT

122. Jesus sagte: Wenn er sie ansieht, so hat er die Ehe gebrochen. Aber er ist schon ein Ehebrecher, bevor er das Weib angesehen hat, durch den Überschuß an Animalität und den Mangel an Denkkraft, der in seiner Konstitution liegt. Wer diesem Manne und diesem Weibe auf der Straße

begegnet, sieht, daß sie reif sind, einander zum Opfer zu fallen. FT

123. Der Mensch hält sein Schicksal für etwas Fremdes, weil ihm das innere Band verborgen ist. Aber die Seele enthält jedes Ereignis, das sie erleben wird, denn das Ereignis ist nur der Gedanke, der sich nach außen projiziert, und das, worum wir zu uns selbst beten, wird uns immer gewährt. FT

Alter

124. Der Jüngling leidet nicht nur an unbefriedigter Sehnsucht, sondern auch an unerprobter Kraft und an dem Bild, das er sich im Geiste von seiner Lebenslaufbahn macht und dem er noch keine äußere Wirklichkeit geben kann. Der Mangel an Übereinstimmung zwischen Dingen und Gedanken quält ihn. Die Wehen dauern an, bis das Kind geboren ist, jede neue Fähigkeit spornt ihn an und treibt ihn in wüste Einöden, bis sie ihren Ausweg ins Freie gefunden hat. Alle menschlichen Pflichten scheuchen und peitschen ihn vorwärts, scheltend und stöhnend, bis sie erfüllt sind. Tag für Tag lernt er seine Wünsche in Taten ummünzen.

Dies macht den Wert des Alters, daß in ihm allem Sehnen die Erfüllung wird. Der ist heiter, der nicht mehr den qualvollen Stachel fühlt. An alten Personen bemerken wir oft einen schönen, geglätteten, gleichmütigen, wächsernen Gesichtsausdruck, der anzeigt, daß alle Gärungen früherer Tage sich zur Heiterkeit des Denkens und Schauens geklärt haben.

Das Alter bringt sein Haus in Ordnung und vollendet seine Werke, was für jeden Künstler der höchste Genuß ist. Unsere Instinkte treiben uns an, unzählige Erfahrungen einzusammeln, die vorläufig von keinem sichtbaren Wert sind und die wir zweimal sieben Jahre lang mit uns herumtragen können, bis wir für sie Verwendung haben. Die besten Dinge haben ein jahrhundertelanges Wachstum. Der Trieb, Klassen zu schaffen, ist das Kennzeichen eines weisen und gesunden Geistes. Linné entwirft sein System und legt seine 24 Pflanzenklassen an, bevor er noch in der Natur eine einzige Pflanze gefunden hat, die die Zuverlässigkeit seiner Einteilung rechtfertigt. Seine siebente Klasse hat keinen einzigen Vertreter. Im Laufe der Zeit findet er zu seiner Freude die kleine weiße Trientalis, die einzige Pflanze mit sieben Blütenblättern und bisweilen sieben Staubfäden, die nun in Übereinstimmung mit seinem System eine siebente Klasse bildet. Man muß daran glauben, daß zwischen den Plänen eines Menschen und der Länge seines Lebens ein gewisses Verhältnis besteht: es gibt nicht nur einen Kalender seiner Jahre, sondern auch einen Kalender seiner Leistungen. o

125. Wir werden jeden Tag grauer und älter, aber ich sehe die Notwendigkeit nicht ein. Solange wir mit einer Kraft verkehren, die über uns steht, werden wir nicht alt, sondern jung. Kindheit und Jugend ist aufnahmefähig, strebsam und blickt mit gläubigem Auge in die Höhe, hält sich selbst für nichts und gibt sich ganz den Unterweisungen hin, die von allen Seiten herbeiströmen. Aber die Männer und Frauen von siebzig Jahren maßen sich an, alles zu wissen; sie haben ihre Hoffnungen überlebt, weisen alles Streben von sich, halten das Wirkliche für das Notwendige und sprechen zur Jugend in gönnerhaftem Tone. Laßt sie Organe des heiligen Geistes werden, laßt sie lieben, laßt sie der Wahrheit ins Antlitz sehen, und ihre Blicke werden sich erheben, ihre Falten werden sich glätten, Hoffnung und Kraft wird sie

durchwehen. Alter sollte den menschlichen Geist niemals beschleichen. In der Natur ist jeder Augenblick neu. Die Vergangenheit wird fortwährend aufgezehrt und vergessen, die Zukunft allein ist heilig. Nichts hat sicheren Bestand als Leben, Bewegung, tätiger Geist. Keine Liebe kann durch Eid oder Vertrag gebunden und gegen eine höhere Liebe versichert werden. Keine Wahrheit ist so erhaben, daß sie nicht morgen im Lichte neuer Gedanken trivial erscheinen könnte. Die Menschen wollen sich ansiedeln, aber nur soweit sie nicht seßhaft sind, ist einiges für sie zu hoffen. CI

Bildung

126. Nicht mein Wille hat den Bildern in meinem Geiste die Rangordnung angewiesen, die sie heute einnehmen. Der vorschriftsmäßige Gang meiner Studien, der akademische Unterricht, die Jahre der Berufserziehung haben mir keine schöneren Erinnerungen geschenkt als irgend ein dummes Buch, das ich unter der Bank in der Lateinschule las. Was wir zur Erziehung rechnen, ist nicht so wertvoll wie das, was wir nicht zur Erziehung rechnen. In dem Augenblick, da wir einen Gedanken in uns aufnehmen, können wir nicht erraten, welche Bedeutung er einmal für uns haben wird. Und die Erziehung wirkt oft diesen Kräften entgegen, indem sie diesen natürlichen Magnetismus durchkreuzt und vereitelt, obgleich er sich mit untrüglicher Treffsicherheit nur jenen Dingen zuwendet, die zu ihm gehören. SL

127. Du schickst deinen Sohn zum Schulmeister, aber wer ihn erzieht, das sind die Schuljungen. Du schickst ihn in den lateinischen Unterricht, aber viele seiner Anschauungen gewinnt er auf seinem Schulweg aus den Ladenfenstern. Du liebst strenge Regeln und lange Studienzeit, und er findet seine beste Leistung auf irgend einem selbstgeschaffenen Nebenweg und verschmäht alle Lebensgefährten, die er sich nicht selbst erwählt hat. Er haßt die Grammatik und das Prosodie-Lexikon und liebt Flinten, Angelruten,

Pferde und Boote. Nun, der Junge hat recht, und du bist nicht der richtige Erzieher, wenn die körperliche Ausbildung in deinem Programm fehlt. Bogenschießen, Kricket, Flinte und Angelrute, Pferde und Boote, sie alle sind Erzieher und Befreier, und ebenso Tanzen, Kleider und Straßengespräche. Und wenn der Junge in sich selbst Bildungsquellen, geistige Strebsamkeit und gute Charakteranlagen besitzt, so werden ihm alle diese Dinge nicht weniger dienlich sein als die Bücher. Er lernt Tanzen, Whist, Schach und Theaterspielen. Der Vater bemerkt, daß ein anderer Junge in derselben Zeit Algebra und Geometrie gelernt hat. Aber jener Junge hat viel mehr gelernt als diese paar armseligen Spiele. Er ist wochenlang ganz von Whist und Schach eingenommen, aber plötzlich findet er heraus – geradeso wie du seinerzeit –, daß er vom Schachbrett und vom Whisttisch, dem er allzulange gehuldigt hat, als ein Mensch aufsteht, der innerlich leer ist und sich selbst verachten muß. Von nun an werden diese Spiele von ihm richtig gewertet und nehmen den ihnen zukommenden Platz in seiner Erfahrung ein.

Alle diese Beschäftigungen besitzen also einen negativen Wert. Der Hauptnutzen, den ein junger Mensch aus ihnen zieht, ist nicht Unterhaltung, sondern die Erkenntnis ihrer wahren Bedeutung. Wenn er sie kennt, sind sie nicht mehr Gegenstand seiner brennenden Sehnsucht. Ballspielen, Reiten, Kneipereien, Billard verwandeln sich in der Vorstellung eines armen Jungen zu etwas Schönem, Romantischem, was sie gar nicht sind. Und wenn er nur einmal oder zweimal freien Zutritt zu diesen Dingen haben könnte, so wäre das für ihn zehnmal soviel wert, wie es kostet, denn es würde ihm die Augen öffnen.   CU

128. Wir sollten aktiv Geschichte studieren und nicht passiv; wir sollten unser eigenes Leben für den Text halten und die Bücher für einen Kommentar. Dann wird die Muse der Geschichte uns Orakel verkünden, die sie denen versagt, die sich selbst nicht achten. Ich erwarte nicht, daß ein Mensch auf die richtige Weise Geschichte studiert, der glaubt, daß Dinge, die in fernen Zeiten vollbracht wurden, irgendwie einen tieferen Sinn haben als das, was er in diesem Augenblick tut.

Die Welt ist für die Erziehung des Menschen da. Es gibt kein Zeitalter, keinen Staat, keine Gesellschaft, kein Ereignis in der Geschichte, zu dem unser eigenes Leben nicht in irgend einer Beziehung steht. Jedes Ding zielt in ganz wunderbarer Weise darauf ab, ein Kompendium seiner selbst zu werden und seine Kräfte auf uns zu übertragen. Die Menschen sollten einsehen, daß sie die ganze Weltgeschichte in eigener Person erleben können.

Unser Leben ist rings mit Ägypten, Griechenland, Gallien, England, Krieg, Kolonisation, Kirche und Handel verziert, wie mit Blumen und allerlei verschnörkelten Ornamenten. Eine größere Bedeutung kann ich diesen Dingen nicht beilegen. Ich glaube an die Ewigkeit. Ich kann den Genius und das schöpferische Prinzip Griechenlands, Asiens, Italiens, Spaniens und Großbritanniens und aller Zeitalter in meinem eigenen Geiste finden.

Die pathetischen Ereignisse der Weltgeschichte führen uns immer wieder auf unsere persönliche Lebenserfahrung zurück, in der sie sich bewahrheiten müssen. Alle Geschichte muß subjektiv werden. Mit anderen Worten: es gibt eigentlich gar keine Geschichte, sondern nur Biographie. Jeder Geist muß die ganze Lektion noch einmal für sich selbst durchmachen, muß den ganzen Boden noch einmal beschreiten. Was er nicht mit eigenen Augen sieht, was er nicht selbst erlebt, wird er niemals kennen lernen. Was eine frühere Zeit in eine Formel zusammengedrängt und zu einer handlichen konventionellen Regel gemacht hat, verliert allen Wirklichkeitswert, denn diese Regel stellt sich wie eine Mauer vor die Sache. Irgendwo, irgendwann werden wir aber eine Entschädigung für diesen Verlust finden, indem wir die Sache selbst vollbringen. Ferguson entdeckte viele astronomische Wahrheiten, die lange vor ihm bereits bekannt waren. Um so besser für ihn.

Die Weltgeschichte muß diesen Sinn haben, oder sie hat gar keinen. Jedes Gesetz, das der Staat schafft, weist auf eine Tatsache in der menschlichen Natur hin. Wir müssen in uns selbst die Notwendigkeit und Vernünftigkeit jeder Tatsache vorfinden und einsehen, daß sie so sein kann und muß. So müssen wir uns zu jedem öffentlichen und Privatereignis stellen: zu einer Rede Burkes; zu einem Sieg Napoleons, zu dem Märtyrertum eines Sir Thomas More, eines Sidney, eines Marmaduke Robinson; zu der französischen Schreckensherrschaft und den Hexenprozessen von Salem; zu einer fanatischen Glaubensreform und zu dem animalischen Magnetismus in Paris. Wir müssen das Gefühl haben, daß wir unter demselben Einfluß ähnliche Empfindungen gehabt hätten und uns ähnlich benommen hätten; wir müssen die einzelnen Zustände mit unserem Geist zu erfassen suchen und uns in den höheren oder niedrigeren Geisteszustand einleben, in dem unser Bruder und Stellvertreter sich befand.

Alle neugierigen Forschungen nach Altertümern, nach Pyramiden und ausgegrabenen Städten: Stonehenge, Ohiogebiet, Mexiko, Memphis, beruhen auf dem Wunsch, jenes harte, unzugängliche, anmaßende Dort und Damals beiseite zu schaffen und an seine Stelle das Hier und Jetzt zu setzen. Belzoni gräbt in den Mumiengräbern der Pyramiden und mißt sie ab, bis er endlich sieht, daß zwischen jenen Riesenwerken und ihm selbst kein großer Unterschied besteht. Wenn er zu der befriedigenden Erkenntnis gelangt ist, daß diese Taten von Menschen vollbracht wurden, die ihm ähnlich waren, im allgemeinen und im einzelnen dieselben Mittel und Beweggründe hatten und auf Ziele hinarbeiteten, denen er auch zugestrebt hätte, dann ist das Problem gelöst. Sein Geist durchläuft die ganzen Reihen von Tempeln und Sphinxen und Katakomben und geht vergnügt in ihnen umher. Sie leben wieder in seinem Herzen auf – sie sind *jetzt*. H

Reisen

129. Ich bin kein großer Fürsprecher des Reisens, denn ich bemerke, daß die Menschen in fremde Länder rennen, weil sie in ihrer Heimat nicht gut tun, und daß sie wieder in ihre Heimat zurückrennen, weil sie auch an den neuen Orten eine Null waren. Gewöhnlich reisen nur leichtfertige Charaktere. Wer bist du denn, daß du keine Aufgabe hast, die dich zu Hause zurückhält?

Der Stoff, aus dem die Länder gemacht sind, ist überall derselbe. Glaubst du wirklich, daß es irgend ein Land gibt, in dem man nicht Milch kocht, Kinder wickelt, Reisig brennt und Fische kocht? Was irgendwo wahr ist, ist überall wahr. Und du kannst hingehen wohin du willst, du kannst immer nur soviel Schönheit und Wert vorfinden, als du selbst mitbringst.

Ein Wert des Reisens besteht darin, daß wir die Bücher und Werke unserer Heimat schätzen lernen. Wir gehen nach Europa, um Amerikaner zu werden. Der zweite Wert ist der, daß wir Menschen finden können. Denn so wie die Natur ihre Früchte über alle Breitengrade verteilt hat, und auf jeden Breitengrad eine neue Frucht, so wohnen Wissen und hervorragende sittliche Qualitäten oft in Menschen, die sehr weit von einander entfernt sind. Und so geschieht es häufig, daß von den sechs bis sieben Lehrern, die jeder Mensch unter seinen Zeitgenossen sucht, einer oder zwei auf der anderen Hälfte der Erdkugel wohnen.   CU

130. Ich habe nichts Besonderes dagegen einzuwenden, daß ein Mensch zu Zwecken der Kunst, des Studiums oder der Wohltätigkeit die Welt umsegelt, vorausgesetzt, daß er zuerst in seiner eigenen Heimat zu Hause ist und nicht ins Ausland geht, weil er hofft, irgend etwas Größeres zu finden, als er schon kennt. Wer reist, um sich zu amüsieren oder irgend etwas zu erlangen, das er nicht in sich trägt, reist von sich selbst weg und wird als Jüngling unter alten Dingen ein alter Mann werden. In Theben, in Palmyra wird sein Wille und sein Geist alt werden und zerfallen wie diese Städte. Er trägt Ruinen zu Ruinen.

Reisen ist des Narren Paradies. Unsere ersten Reisen zeigen uns, daß alle Orte gleich sind. Zu Hause träume ich davon, daß ich mich in Neapel, in Rom an Schönheit berauschen und meine Melancholie verlieren werde. Ich packe meinen Koffer, umarme meine Freunde, steche in See und wache glücklich in Neapel auf. Aber da sitzt noch immer neben mir jene starre, unerbittliche, unveränderte Tatsache meines traurigen Ich, vor der ich geflohen bin. Ich gehe in den Vatikan, in die römischen Paläste. Ich bilde mir ein, daß ich von den Bildern und Anregungen berauscht bin, aber ich bin es nicht. Mein Riese folgt mir auf Schritt und Tritt, wohin ich auch gehe. SR

131. Drei Wünsche gibt es, die niemals befriedigt werden können: der Wunsch des Reichen, der immer mehr will, der Wunsch des Kranken, der immer etwas anderes will, und der Wunsch des Reisenden, der sagt: »Überall, nur nicht hier.« CW

Mut

132. Die Tiere haben einen großen Vorzug vor uns durch ihre frühe Entwicklung. Berühre die Schnappschildkröte mit einem Stock, und sie packt ihn mit den Zähnen. Schneide ihr den Kopf ab, und die Zähne werden den Stock nicht loslassen. Brich das Ei auf, in dem das Junge steckt, und der kleine Embryo, dessen Augen noch nicht geöffnet sind, beißt wild um sich. Diese lebhaften Geschöpfe beißen also gewissermaßen noch nach ihrem Tod und schon vor ihrer Geburt.

Aber der Mensch fängt sein Leben hilflos an. Das Baby verfällt in Angstkrämpfe, wenn die Amme es für einen Augenblick allein läßt, und es kommt so langsam zur Fähigkeit des Selbstschutzes, daß alle Mütter sagen, die Tatsache, daß ein kleines Kind Leben und Gesundheit behält, sei ein fortwährendes Wunder. Die Furchtsamkeit des Kindes ist ganz berechtigt und macht es nur noch liebenswürdiger, denn seine Unerfahrenheit und Schwäche gegenüber der Außenwelt und seine herzige Entrüstung, die sich auf so geringfügige Tatsachen stützt, zwingt jeden Anwesenden, seine Partei zu ergreifen. Vom Augenblicke an, daß es erwacht, studiert es den Gebrauch seiner Augen, Ohren, Hände und Füße; es lernt, wie es den Gefahren begegnen und entgehen kann und verliert so jede Stunde eine Furcht mehr. Aber diese Erziehung bricht zu bald ab. Die große Mehrheit der Menschen, die in Familien aufgewachsen sind

und frühzeitig einem geschützten täglichen Beruf zugeführt werden, kommt niemals zu jener rauhen Lebenserfahrung, die den Indianer, den Soldaten oder den Grenzer
selbständig und furchtlos macht. Daher ist das hohe Lob,
das wir dem Mut zollen, ein Beweis für die allgemeine
Furchtsamkeit. c

133. Wissen ist das Gegengewicht gegen Furcht – Wissen,
Gewohnheit und Vernunft. Das Kind sieht in einer Treppe,
einem Kaminfeuer, einer Badewanne, einer Katze eben-
sogroße Gefahren, wie der Soldat in einer Kanone oder
einem feindlichen Hinterhalt. Jeder Mensch überwindet
die Furcht in dem Augenblick, in dem er die Gefahr genau
begreifen lernt und sich mit den Mitteln zur Gegenwehr
vertraut macht. Jeder Mensch kann von einer Panik befallen
werden; aber diese Panik ist genau betrachtet nichts anderes
als das Zittern der Unwissenheit, die vor der Einbildung die
Waffen streckt. Wissen ist der Herd des Mutes, Wissen
reißt die Furcht aus dem Herzen, Wissen und Gewohnheit,
die nichts anderes ist als in Leben umgesetztes Wissen. Wer
glaubt, daß er siegen kann, der kann auch siegen. Wer eine
Sache einmal gemacht hat, der schreckt nicht davor zurück,
sie ein zweitesmal zu versuchen. Der Bereiter kennt die
Launen des Pferdes, und daher kann er ohne Gefahr auf ihm
reiten. Der erfahrene Soldat sieht das Aufblitzen der Kanone und kann dem Geschoß ausweichen. Der Matrose
verliert seine Furcht in dem Augenblick, wenn er über
Segel und Rahen und Dampf Gewalt bekommt. Für ihn
ist ein Leck, ein Orkan, eine Wasserhose ein bestimmtes
Quantum Arbeit – nicht mehr.

Mut gibt jeder Berufstätigkeit erst die rechte Schärfe und Schneidigkeit. Der Richter versenkt seinen Geist in das Gewirre der Widersprüche, die der Rechtsfall bietet, aber er geht tapfer an die Sache heran, und da er keine Angst vor ihr hat, da er in ihr ein Geschäft sieht, das unter allen Umständen erledigt werden muß, sieht er sogleich, daß er mit der normalen Rechenkunst und den normalen Methoden der Frage nicht beikommen kann. Seine Beharrlichkeit nimmt seinem Geschäft alle Parteilichkeit und stellt es auf denselben Boden mit allen anderen Geschäften. Morphy war ein verwegener Schachspieler, aber seine Verwegenheit war nur eine Einbildung der Zuschauer, denn der gute Spieler sieht, daß alle seine Züge wohl verschanzt und geschützt sind. Dieselben Erscheinungen kann man bei der Kritik beobachten. Ein neues Buch verblüfft ein paar Tage, scheint sich allen landläufigen Maßstäben der Beurteilung zu entziehen, und niemand weiß, was er dazu sagen soll. Aber der Gelehrte ist nicht zu täuschen, er weiß: die alten Weltgesetze, deren notwendiger Ausdruck jedes Buch ist, sind schöner als jedes Buch, und seine Liebe zur Wirklichkeit ist ein erfahrener Richter, der wohl zu beurteilen versteht, inwieweit das Buch sich der Wahrheit genähert hat und inwieweit es hinter ihr zurückgeblieben ist. In allen Geistestätigkeiten ist dieselbe Macht siegreich: die Fähigkeit, im eigenen Herzen zu lesen; denn im Herzen allein ist alle Wahrheit und aller guter Rat zu Hause, und es kann leicht mit jedem Buch fertig werden, weil es sehr wohl ohne jedes Buch fertig werden kann.   c

134. Jedes Wesen hat den Mut seiner Organisation, den es für die Erfüllung seiner Pflichten braucht: Archimedes hat den geometrischen Mut, seine Figuren zu zeichnen, unbekümmert um die Eroberung und Plünderung der Stadt, und der römische Soldat hat den kriegerischen Mut, Archimedes niederzustoßen. Jeder ist stark, wenn er sich auf sich selbst verläßt, und jeder ist verloren, wenn er in sich den Mut eines andern sucht.   c

135. Die beste Tat des herrlichen griechischen Genius war seine erste Tat. Nicht in den Statuen oder im Pantheon trat er ans Licht, sondern in jenem Instinkt, der bei Thermopylä die asiatische Flut zurückdämmte, Europa vor Asien bewahrte – vor Asien mit seiner organischen Sklaverei und seinen Velleitäten, die den hoffnungsvollen neuen Morgen des Westens zu verfinstern drohten. Die Statuen, die Architekturen waren eine spätere und minder wertvolle Schöpfung desselben Genius. An diesem historischen Wendepunkt erkennen wir das Walten eines bestimmten prophetischen Instinktes, der besser ist als alle Weisheit. Napoleon sagte sehr richtig: meine Hand steht in unmittelbarer Verbindung mit meinem Kopf, aber der *heilige* Mut steht in unmittelbarer Verbindung mit dem Herzen. Der Kopf ist etwas Halbes, ein Bruchstück, so lange er nicht vom sittlichen Gefühl erfüllt und beseelt wird, denn nicht auf die Mittel kommt es an, mit denen wir arbeiten: Gesundheit, Reichtum, praktische Geschicklichkeit, weltkundige Talente, Scharen von Anhängern, sondern einzig und allein auf die Zwecke. Die Zwecke wirken auf die Mittel zurück. Ein großer Zweck schafft große Mittel. Mehl

und Wasser, die Nahrung jener Verlorenen, die ihr Leben daran setzten, um den Paß zu verteidigen, sind geweiht wie der heilige Gral; sie sind göttliches Feuer, das den Glanz der Sonne nährt.   c

Schönheit

136. Persönliche Schönheit wird dann erst reizvoll und gleichsam erst sie selbst, wenn sie uns in irgend einer Weise unbefriedigt läßt, wie eine Erzählung, die keinen ordentlichen Schluß hat; wenn sie alles Materielle verliert und wie eine strahlende Vision wirkt; wenn sie den Beschauer zum Gefühl seiner Unwürdigkeit bringt: wenn dieser spürt, daß er kein Recht auf sie hat, und wäre er selbst Cäsar; wenn er spürt, daß er nicht mehr Recht auf sie hat als auf das Firmament und den Glanz des Sonnenuntergangs.

Daher das Wort: »Wenn ich dich liebe, was geht's dich an?« Wir sagen so, weil wir fühlen, daß das, was wir an jemand lieben, nicht im Bereich seines Wollens liegt, sondern über ihm steht. Es ist nicht er selbst, es ist nur seine Ausstrahlung: es ist das an ihm, was er selbst gar nicht kennt und niemals kennen wird.   L

137. Die große Lehre, die wir aus dem Studium der griechischen und gotischen Kunst, der antiken und präraffaelitischen Malerei empfangen, verlohnte alle mühsamen Untersuchungen: – nämlich daß alle Schönheit organisch sein muß, daß Verschönerung, die von außen kommt, Entstellung ist.

Die Katze und der Hirsch können nicht unelegant gehen oder sitzen, der Tanzmeister kann einem schlecht gebauten Menschen niemals einen anmutigen Gang beibringen, die

Farbe der Blume steigt aus ihrer Wurzel, und der Glanz der Seemuschel beginnt bei ihrer Geburt zu leuchten. Ein Mann, der sein Pferd zur Tränke führt, ein Bauer, der Samen ausstreut, die Arbeiten der Heumacher auf dem Felde, der Zimmermann, der ein Schiff baut, der Schmied bei seiner Esse oder jede andere nützliche Arbeit wirkt auf ein weises Auge schön. Wenn es aber getan wird, um gesehen zu werden, so ist es gemein. Wie schön sind die Schiffe auf der See! Aber Schiffe im Theater oder Schiffe, wie sie Georg IV. zu Dekorationszwecken ins Virginiawasser setzen ließ, mit kostümierten Menschen, die für einen Penny die Stunde Mannschaft markierten – die sind nichts.

Schönheit beruht auf Notwendigkeit. Die Linie der Schönheit ist das Ergebnis einer vollkommenen Ökonomie. Die Bienenzelle ist genau in dem Winkel gebaut, der ihr die größte Festigkeit und den geringsten Aufwand an Wachs ermöglicht. Der Knochen oder der Kiel des Vogels ermöglichen die größte Flugkraft beim geringsten Gewicht. »Kunst ist die Ausscheidung alles Überflüssigen«, sagt Michelangelo. In den Gebäuden der Natur kann kein Teilchen entbehrt werden.

Schönheit ist die Eigenschaft, die Dauer verleiht. In einem bekannten Hause bemerkte ich einen Klumpen Walrat, der schon zwanzig Jahre auf den Schränken und Simsen herumlag, einfach weil der Talggießer ihm die Form eines Kaninchens gegeben hatte, und ich glaube, er wird noch ein Jahrhundert lang herumgeschoben werden. Ein Künstler kritzelt ein paar Linien oder Figuren auf die Rückseite eines Briefes, und das Papierschnitzel ist vor allen Gefahren geschützt; es wird in Mappen gelegt, unter Glas und Rahmen gesetzt und, im Verhältnis zur Schönheit der Zeichnung, Jahrhunderte hindurch aufbewahrt. Burns schreibt das Manuskript seiner Verse und schickt es einer Zeitung, und das Menschengeschlecht nimmt es in seinen Schutz und läßt es nicht untergehen.   B

138. Es gibt nur *ein* Mittel, um so zu sprechen und zu schreiben, daß man niemals aus der Mode kommen kann: man muß aufrichtig sprechen und schreiben. Eine Darlegung, die nicht in mein Leben eingreift, wird wahrscheinlich auch nicht in dein Leben eingreifen. Man denke an Sidneys Maxime: »Blick in dein Herz und schreibe.« Wer für sich selbst schreibt, schreibt für ein unsterbliches Publikum. Eine Erkenntnis ist nur dann zur Veröffentlichung geeignet, wenn man sie dadurch erlangt, daß man seine eigene Neugierde befriedigen wollte. Der Schriftsteller, der seinen Gegenstand mit dem Ohr erfaßt und nicht mit dem Herzen, muß sich klar darüber sein, daß er ebensoviel verloren hat, wie er scheinbar gewonnen hatte. Und wenn sein leeres Buch alles mögliche Lob geerntet hat und die halbe Welt sagt: »Welch ein Gedicht! welch ein Genie!«, so gehört es noch immer in den Ofen. Nur wer etwas Nützliches schreibt, kann selbst daraus Nutzen ziehen. Leben allein kann Leben verleihen. Und wenn wir uns auf den Kopf stellen, wir können immer nur so gewertet werden, wie wir uns selbst gewertet haben. Der literarische Ruhm ist keine Glücksache. SL

139. Es ist das Geheimnis der Kultur, daß sie den Menschen lehrt, mehr Anteil an dem Interesse der Allgemeinheit zu nehmen als an seinem eigenen. Einer schreibt

eine neue Dichtung, die in den Zeitungen und in der Gesellschaft lebhaft besprochen wird. Es ist nun leicht, aus diesen einzelnen Beurteilungen den Schiedsspruch der Lesewelt zu entnehmen, und dieser ist im ganzen ungünstig. Ist der Dichter ein bloßer Kunsthandwerker, so interessiert ihn nur das Lob, das ihm gespendet wird, und nicht der Tadel, auch wenn er berechtigt ist. Und der arme kleine Dichterling lauscht nur auf die Schmeichelworte und sieht im Tadel nur einen Beweis für die Unfähigkeit des Kritikers. Wenn aber der Dichter ein Kulturmensch ist, so fühlt er sich als Aktionär zweier Gesellschaften, nämlich: – wenn wir ihn Mister Curfew nennen wollen – als Aktionär der Curfew-Gesellschaft und als Aktionär der Menschheitsgesellschaft; wenn er bemerkt, daß die Curfewpapiere hoch notieren, so freut ihn das im Interesse der Curfewgesellschaft, und wenn sich herausstellt, daß die Curfewgesellschaft ein ungesundes Unternehmen ist, so freut ihn das im Interesse der Menschheitsgesellschaft, denn die niedrigen Kurse der Curfewpapiere zeigen ihm an, wie ungeheuer hoch die Menschheitspapiere stehen. Wenn er mit Vergnügen für seinen Kritiker gegen sich selbst Partei ergreift, dann ist er ein Kulturmensch. CU

140. Wir brauchen keine Dressurmenschen, die für Geld jede Arbeit leisten können: Gedichte schreiben, Prozesse führen, allerlei Verwaltungsmaßregeln treffen; Leute, die ihre Fähigkeiten durch die Kraft ihres Willens in jede beliebige Richtung drängen können. Nein! Die besten Arbeiten, die in der Welt vollbracht worden sind: die Werke des Genies, die kosten nichts. Wenn der Sänger aus Pflichtgefühl

singt oder weil er keinen Ausweg hat, so möchte ich ihn lieber nicht hören. Nur der kann schlafen, der nicht ans Schlafen denkt, und nur der allein schreibt und spricht wirklich gut, der sich nicht allzuviel ums Schreiben und Sprechen kümmert. WD

141. Die Natur klärt fortwährend ihr Wasser und ihren Wein – keine Filtration ist so vollkommen. Sie verfährt mit Büchern ebenso wie mit Gasen und Pflanzen. Es findet ununterbrochen eine Auslese unter den Schriftstellern statt, und dann wiederum eine Auslese aus dieser Auslese. Die Bücher, die den ersten Rang einnehmen, die in die allgemeine Lebensluft der Kulturwelt übergegangen sind, wurden von der tatkräftigen Menschenklasse geschrieben, von den bejahenden und vorwärts strebenden Geistern, die das sagen, was Zehntausend fühlen, aber nicht aussprechen können. Es hat bereits ein Skrutinium unter vielen Hunderten von jungen Federn stattgefunden, bevor der Artikel, den du in einem flüchtigen Tagesblatt liest, dir vor die Augen kommt. Alle diese sind junge Abenteurer, die ihre Leistungen dem weisen Ohr der Zeit unterbreiten, die sitzt und zuwartet und zehn Jahre später von einer Million Seiten eine einzige wieder abdruckt. Wieder wird diese Seite beurteilt, von den Winden der Meinungen hin- und hergeblasen, und welche furchtbare Überprüfung hat sie nicht durchgemacht, bevor sie einmal nach zwanzig Jahren abermals gedruckt werden kann. Und wenn sie nach einem Jahrhundert abermals abgedruckt wird, dann ist's, als ob Minos und Rhadamanthys ihr Imprimatur gegeben hätten. Daher ist es eine Zeitersparnis, alte und berühmte Bücher zu lesen.

Nichts kann sich erhalten, was nicht gut ist, und ich weiß von vornherein, daß Pindar, Martial, Terenz, Galen, Kepler, Galilei, Bacon, Erasmus, Morus dem Durchschnittsintellekt überlegen sein werden. Bei Zeitgenossen ist es nicht so leicht, zwischen bekannt und berühmt zu unterscheiden. BKS

142. Wir müssen die Sprache der Ereignisse lernen. Die wundervollsten Eingebungen sterben mit ihrem Träger, wenn seine Hand nicht die Kraft hat, sie seinen Sinnen einzuzeichnen. Die Strahlen des Lichtes laufen unsichtbar durch den Weltraum, und nur wenn sie auf einen Körper fallen, kann man sie sehen. Erst dann entsteht ein Gedanke, wenn der Geist mit aller Kraft sich auf einen Gegenstand der Außenwelt richtet. Die Beziehung zwischen diesem Gegenstand und dir macht dich und deinen Wert erst sichtbar. Das reichste, erfinderischeste Malertalent muß verkümmern, wenn es ihm an der zeichnerischen Kraft gebricht, und in den Stunden unseres Glückes wären wir unerschöpfliche Poeten, wenn wir nur die Kraft besäßen, das Schweigen durch ausdrucksvolle Reime zu durchbrechen. Wir alle besitzen einen natürlichen Zugang zu den großen Wahrheiten, und ebenso wohnt auch allen Menschenköpfen irgend eine natürliche Kraft oder Fähigkeit inne, durch die sie sich mitteilen können; aber nur beim Künstler reicht diese Kraft bis in die Hand. Es gibt zwischen zwei verschiedenen Menschen und zwischen zwei verschiedenen Lebensaugenblicken desselben Menschen einen Unterschied der Befähigung, dessen Gesetz wir noch nicht ergründet haben. Wir haben in den seltenen Stunden der Eingebung

dieselben Eindrücke wie in unseren gewöhnlichen Stunden; aber in unseren gewöhnlichen Stunden wollen uns die Eindrücke nicht zum Porträt sitzen, sie stehen nicht rein und losgelöst vor unseren Augen, sondern sind in ein dichtes Gewebe verstrickt. 1

143. Alle Menschen nähren sich von der Wahrheit und haben ein stetes Bedürfnis, sie zum Ausdruck zu bringen. In der Liebe, in der Kunst, in der Habsucht, in der Politik, in der Arbeit, im Spiel, überall streben wir darnach, unser schmerzvolles Geheimnis zu äußern. Der Mensch ist nur zur einen Hälfte er selbst, zur anderen Hälfte ist er Ausdruck.

Trotz dieses allgemeinen Dranges nach Selbstäußerung ist ein adäquater Ausdruck etwas sehr Seltenes. Ich weiß nicht, wie es kommt, daß wir einen Dolmetscher nötig haben, aber die große Mehrheit der Menschen verhält sich wie Minderjährige, die noch nicht in den Besitz ihres Eigentums gelangt sind, oder wie Stumme, die von den Unterredungen, die sie mit der Natur hatten, nichts berichten können. Es gibt keinen Menschen, der in der Sonne und den Sternen, in der Erde und im Wasser nicht eine übersinnliche Bedeutung ahnte. Alles steht und wartet, um ihm irgend einen ganz persönlichen Dienst zu leisten. Aber in unserem Charakter liegt eine gewisse Schwerfälligkeit und Dickblütigkeit, die uns daran hindert, von der Natur den richtigen Gebrauch zu machen. Zu schwach wirken die Eindrücke der Natur auf unsere Seele, um uns zu Künstlern zu machen. Jede Berührung sollte in uns nachzittern. Jeder Mensch sollte in dem Maße Künstler sein, daß er im Gespräch alles, was ihm widerfahren ist, wiedergeben könnte. Aber für gewöhnlich sind diese Strahlen zwar genügend kräftig, um unsere Sinne zu erreichen, aber nicht genügend kräftig, um bis an unsere Lebensquelle zu dringen und sich in Worte zu verwandeln. Der Dichter ist eine Persönlichkeit, in der diese Kräfte sich das richtige Gleichgewicht halten; er ist der Mensch ohne Hemmungen, der sieht und handhabt, was andere träumen, der die ganze Skala der Erfahrung durchläuft und ein Wortführer der Menschheit ist, kraft seiner Fähigkeit, aufzunehmen und weiterzugeben.

Das Merkmal und der Beglaubigungsbrief des Dichters ist dies, daß er Dinge verkündet, die niemand vor ihm ausgesprochen hat. Er ist der echte und einzige Lehrmeister; er weiß etwas und erzählt davon; er ist der einzige Mensch, der uns Neuigkeiten zu erzählen hat, denn er war der vertraute Zeuge der Geschehnisse, die er beschreibt. Er blickt den Gedanken ins Antlitz und macht offenbar, was notwendig und begründet ist. Denn wir sprechen jetzt nicht von Leuten, die poetische Talente oder Fleiß oder Geschicklichkeit im Reimemachen besitzen, sondern vom wahren Poeten. Ich beteiligte mich letzthin an einem Gespräch über einen neuen lyrischen Schriftsteller, einen Menschen von feinem Geist, dessen Kopf einer Spieldose voll zarter Töne und Rhythmen gleicht und dessen Geschicklichkeit und Sprachgewalt wir nicht genug loben konnten. Als sich aber die Frage erhob, ob er nicht nur ein Lyriker, sondern auch ein Dichter sei, mußten wir gestehen, daß er nur eine zeitgenössische und keine ewige Bedeutung habe. Er erhebt sich nicht über unsere niedrigen Schranken wie ein Chimborasso, der aus der Äquatorhitze emporsteigt und alle

Zonen der Erde durchläuft, mit Pflanzengürteln aus allen Breitegraden auf seinen Hängen. Dieser Geist gleicht dem Ziergarten eines kleinen Landhauses, mit Springbrunnen und Statuen und wohlgekleideten Herren und Damen, die sich auf den Kieswegen und Terrassen ergehen. Wir hören durch alle Variationen hindurch den Grundbaß des Alltagslebens. Unsere Dichter sind Männer von Talent, die singen, und nicht Kinder des Gesanges. Der Inhalt ist von untergeordneter Bedeutung, die Wohlgefeiltheit der Verse ist die Hauptsache.

Denn es ist nicht die Versform, die das Gedicht schafft, sondern der Inhalt, der sich in Verse drängt, ein Gedanke, so leidenschaftlich und lebensvoll, daß er sich gleich der Pflanzen- oder Tierseele seinen eigenen Baustil schafft und die Natur mit einem neuen Geschöpf schmückt.   PT

144. Die Natur will von sich berichten. Alle Dinge sind damit beschäftigt, ihre Geschichte zu schreiben. Der Planet und der Kiesel werden auf Schritt und Tritt von ihrem Schatten begleitet. Der rollende Fels läßt seine Narben im Berge zurück, der Fluß seine Furche im Boden, das Tier seine Knochen in der Gesteinsschicht, Farren und Blätter ihre bescheidene Grabschrift in der Kohle. Der fallende Tropfen meißelt seinen Namen in Sand oder Stein, kein Fuß betritt den Schnee oder die Erde, ohne mit mehr oder minder dauerhaften Lettern seine Marschroute zu drucken. Jede Handlung, die ein Mensch unternimmt, zeichnet sich selbst in die Erinnerung seiner Genossen und in seine eigenen Manieren und Gesichtszüge. Die Luft ist voll von Tönen, der Himmel ist voll von Zeichen, der Erdboden ist

mit Denkschriften und Erinnerungsbildern übersät, und jeder Gegenstand ist mit allerlei Hinweisungen bedeckt, die für den Wissenden deutlich genug reden.

In der ganzen Natur findet ununterbrochen eine solche Selbstregistrierung statt, und die Erzählung verhält sich zur Tatsache wie der Abdruck zum Siegel: weder übertreibt sie, noch läßt sie das Faktum zu kurz kommen. Aber die Natur strebt nach höheren Stufen empor, und im Menschen ist dieser Bericht etwas mehr als der Abdruck des Siegels: er ist eine neue und schönere Form des Originals. Der Bericht hat ebensoviel Leben wie das, wovon berichtet wird. Beim Menschen ist die Erinnerung eine Art Spiegel, der die Bilder ringsum in sich aufgenommen hat und nun, vom Leben berührt, sie in eine neue Ordnung bringt. Die Tatsachen bleiben nicht tot in ihm liegen, sondern die einen fallen zu Boden und die anderen treten helleuchtend hervor, so daß wir bald ein neues Gemälde haben, das sich aus den besonders bedeutsamen Erfahrungen zusammensetzt. Der Mensch arbeitet mit, er liebt es, sich zu äußern, und das, was er zu sagen hat, liegt wie eine Last auf seinem Herzen, bis er es nach außen abgewälzt hat. Aber abgesehen von der allgemein verbreiteten Freude am Gedankenaustausch, gibt es noch gewisse Menschen, die mit ganz besonderen Kräften für diese Nachschöpfungen begabt sind. Es sind die geborenen Schriftsteller. Der Gärtner bewahrt jeden Ableger, jedes Samenkorn, jeden Pfirsichkern: er ist berufen, ein Pflanzer von Pflanzen zu sein. Ganz ebenso verfährt der Schriftsteller in seinem Beruf. Was immer er erschaut oder erfährt, wird ihm Modell und sitzt ihm für sein Gemälde. Er hält es für Unsinn, wenn die Leute sagen, daß sich gewisse

Dinge nicht beschreiben lassen. Er ist von dem Glauben durchdrungen, daß alles, was gedacht werden kann, auch geschrieben werden kann, früher oder später, und er würde den heiligen Geist beschreiben oder es doch wenigstens versprechen. Nichts ist so umfangreich, so subtil, so kostbar, daß es nicht gerade dadurch seiner Feder empfohlen wäre, und er schreibt und schreibt. In seinen Augen ist der Mensch die fleischgewordene Fähigkeit darzustellen, und das Universum die Möglichkeit, dargestellt zu werden. In jedem Gespräch, in jedem Mißgeschick findet er neues Darstellungsmaterial. Wie unser deutscher Dichter sagt: Mir gab ein Gott zu sagen, was ich leide. Aus seinem Zorn, aus seinem Schmerz bezieht er seine Renten. Handelt er unüberlegt, so erkauft er sich damit die Fähigkeit, weise zu sprechen. Qualen und Leidenschaften sind nur der Sturm, der seine Segel füllt, wie denn auch der gute Luther schrieb: Wenn ich zornig bin, kann ich gut beten und gut predigen. Wenn die Entstehungsgeschichte der schönen Leistungen der Beredsamkeit bekannt wäre, so würden wir uns vielleicht an den gefälligen Sultan Amurath erinnern, der einigen Personen den Kopf abschlagen ließ, damit sein Arzt Vesalius die Zuckungen an den Halsmuskeln beobachten könne. Des Dichters Fehlgriffe sind die Vorbereitungen auf seine Siege. Ein neuer Gedanke oder eine Krisis der Leidenschaft lehren ihn, daß alles, was er bis jetzt gelernt und geschrieben hat, nicht den Kern trifft, daß es nicht die Tatsache selbst, nur irgend ein Gerücht der Tatsache sei. Was nun? Soll er die Feder wegwerfen? Nein! Er beginnt von neuem zu schreiben, in dem neuen Licht, das auf seine Seele gefallen ist, um vielleicht doch auf diese oder jene Weise ein wahres Wort zu retten. Die Natur läßt nicht locker und wiederholt ihre Komplotte. Alles was gedacht werden kann, kann auch geschrieben werden, und immer wieder ringt es nach Ausdruck, obschon mit ungelenken und stammelnden Organen. Und wenn sich diese Organe als unzulänglich erweisen, so wartet es und arbeitet fort, bis es sie schließlich entsprechend gebildet und ausdrucksfähig gemacht hat.

Dieses Ringen nach einem nachahmenden Ausdruck, das man überall trifft, ist bezeichnend für das allgemeine Bestreben der Natur, aber es ist doch bloße Stenographie. Es gibt höhere Stufen, und die Natur hat für jene, die sie zu einem höheren Amte erwählt hat, eine glänzendere Mitgift bereit: es sind die Gelehrten und Schriftsteller, die zusammenhängend sehen, wo die Menge nur Bruchstücke sieht, und die sich getrieben fühlen, die Tatsachen in ihrer entsprechenden Ordnung zur Schau zu stellen und so die Achse sichtbar zu machen, um die sich das ganze System der Welt dreht. Der Natur liegt die Bildung des spekulativen Menschen oder des Gelehrten sehr am Herzen. Er ist das Ziel, das sie nie aus dem Auge verliert, und er ist im ersten Entwurf der Welt bereits vorgemerkt. Er ist keine geduldete oder zufällige Erscheinung, sondern eine organische Kraft, einer der Reichsstände der Natur, von altersher und für ewige Zeiten in der Verknüpfung und im Gewebe des Weltgeschehens vorgesehen. Vorahnungen und innere Triebe begünstigen ihn. In seiner Brust ist eine bestimmte Wärme, die von dem Feuer einer echten Wahrheit genährt wird; jeder Gedanke, der sich auf seinen Geist niedersenkt, gibt sich sogleich selbst seinen Rang und zeigt selbst an, ob er eine Grille ist oder eine lebensfähige Kraft.

Während es ihm so an inneren Anfeuerungen nicht fehlt, kommt ihm auch die Welt einladend entgegen, denn man hat seine Gaben sehr nötig. Die Gesellschaft hat zu allen Zeiten dasselbe Bedürfnis, das Bedürfnis nach einem gesunden, ausdrucksfähigen Geist, der imstande ist, jeden Gegenstand frei von aller Monomanie in seinen richtigen Beziehungen zu sehen. Der Ehrgeizige und der Geldjäger bringen ihren neuesten Hokuspokus vor: Zolltarif, Texaseisenbahn, Romanismus, Mesmerismus, Kalifornien. Und da sie den Gegenstand aus seinen richtigen Beziehungen reißen, so gelingt es ihnen leicht, ihn mit einem Glorienschein zu umgeben, und eine Menge Leute verlieren den Verstand und lassen sich von der Menge der Gegner nicht belehren und widerlegen, die sich vor dieser fixen Idee nur dadurch gerettet haben, daß sie sich einer anderen ebenso verrückten Grille hingaben. Aber wenn ein Mensch erscheint, der mit seinem zusammenfassenden Blick dieses Wunderding aus seiner künstlichen Isolation in die richtige Nachbarschaft und in die richtige Lage bringt, dann schwinden die Illusionen, und die wiederkehrende Vernunft der Allgemeinheit dankt der Vernunft dessen, der sie zur Besinnung gebracht hat.   G

145. Jeder Gedanke, der im Geiste emporsteigt, hat das Bestreben, vom Geist in die Tat überzufließen, ganz so wie jede Pflanze, vom ersten Augenblick des Keimens an, sich an das Sonnenlicht zu ringen sucht. Der Gedanke ist das Saatkorn der Tat. Aber die Tat ist ebenso die zweite Form

des Gedankens, wie der Gedanke die erste Form der Tat ist. Sie erhebt sich im Gedanken, denn sie will geäußert und vollbracht werden. Je tiefer der Gedanke ist, desto schwerer lastet er. Je tiefer er ist, desto ungestümer pocht er an die Tore der Seele, um in Wort und Tat umgesetzt zu werden.

Die Äußerung eines Gedankens oder eines Gefühls in Wort und Tat kann bewußt oder unbewußt sein. Das saugende Kind handelt unbewußt; der Mensch im Fieber der Wut oder des Schreckens handelt unbewußt. Ein großer Teil unserer gewohnheitsmäßigen Handlungen wird unbewußt ausgeführt, und unsere nötigsten Gebrauchsworte werden unbewußt gesprochen.

Die bewußte Äußerung des Gedankens durch Wort und Tat zu irgend einem Zweck ist Kunst. Vom ersten nachahmenden Plappern des Kindes bis zur souveränen Beredsamkeit, vom ersten Steinbaukasten und Holzbrückchen bis zum Riesenwerk des Minot-Rock-Leuchtturms und der Pacific-Bahn, von den Tätowierungen der Owhyhees bis zur vatikanischen Galerie, vom einfachsten Auskunftsmittel des klugen Privatmannes bis zur amerikanischen Verfassung: von ihren niedersten bis zu ihren höchsten Werken ist Kunst freigewollter Gebrauch der Geisteskräfte und Kombination von Möglichkeiten zu bestimmten Endzwecken. Das freie Schaffen des Willens gibt der Kunst den Rang einer Geistestat. Auf sich selbst bezogen haben die Biene, der Vogel, der Biber keine Kunst, denn was sie tun, tun sie instinktiv. Aber auf das höchste Wesen bezogen, haben sie Kunst, und dasselbe gilt von allen unbewußten Handlungen. Geht man vom Täter aus, so sind sie Instinkt, geht man von der bewegenden Urkraft der Welt aus, so sind sie Kunst. So meint es Plato, indem er den Geist erkennt, der die Natur unterweist; und er sagt mit Recht: »Jene Dinge, von denen wir sagen, die Natur habe sie vollbracht, werden in Wirklichkeit durch göttliche Kunst vollbracht.« Die Kunst, in ihrer universalen Bedeutung erfaßt, ist der schöpferische Geist. A

146. Alle Menschen haben die Gedanken, deren Verherrlichung das Weltall ist. Ich finde, der Hauptreiz der Natur liegt in ihrem symbolischen Charakter. Wer liebt die Natur? Wer liebt sie nicht? Stehen nur die Dichter und die Menschen der Muße und Bildung mit ihr im lebendigen Verkehr? Nein, sondern auch Jäger, Bauern, Reitknechte und Metzger, obgleich sie ihre Naturliebe nicht in der Wahl ihrer Worte, sondern in der Wahl ihres Lebensberufes kundgeben. Der Schriftsteller sieht mit Verwunderung, was der Kutscher oder der Jäger am Reiten, an Pferden und Hunden am höchsten schätzt. Es sind nicht die oberflächlichen Eigenschaften. Wenn du dich mit ihm unterhältst, so merkst du, daß er von diesen Dingen ebenso gering denkt wie du. Seine Naturverehrung ist Wahlverwandtschaft. Er kann sie nicht definieren, aber er wird durch jene lebendige Kraft angezogen, deren Allgegenwart in der Natur er fühlt. Kein spielendes Abbild dieser Dinge würde ihn befriedigen. Er liebt den Ernst des Nordwindes, des Regens, des Steines, des Holzes und des Eisens. Eine Schönheit, die man nicht erklären kann, ist kostbarer als eine Schönheit, der man auf den Grund blicken kann. Es ist die Natur als Symbol, die Natur als sicherste Gewähr für ein übersinnliches Leben, der er seinen derben, aber ehrlichen Kult weiht.

Dieses Band ist ein so inniges und geheimnisvolles, daß die Menschen aller Stände sich der Sinnbilder bedienen. Die Schulen der Dichter und Philosophen sind von ihren Symbolen nicht mehr berauscht als das Volk von den seinigen. In unserem politischen Leben kann man die Bedeutung der Abzeichen und Embleme deutlich verfolgen. Bei den politischen Umzügen führt Lowell einen Webstuhl, Lynn einen Schuh und Salem ein Schiff. Ebenso groß ist die Macht der nationalen Wahrzeichen. Einige Sterne, Lilien, Leoparden, ein Halbmond, Löwe, Adler oder irgend eine andere Figur, die, Gott weiß wie, jene Bedeutung erlangt hat, ein alter Fetzen Flaggentuch, der irgendwo am Ende der Welt von der Spitze eines Forts flattert, macht dem rohesten oder prosaischsten Menschen das Blut kochen. Die Leute bilden sich ein, sie hassen die Poesie, und doch sind sie alle miteinander Poeten und Mystiker. PT

147. Über den Zeiten tönt eine flüsternde Stimme für den, der sie verstehen kann: »Was nur dir allein bekannt ist, hat immer großen Wert.« Wir haben Grund, anzunehmen, daß ein Mensch, der keine Gedichte schreibt, statt jenes einen Ventils des Schreibens andere Ventile hat, durch die das Poetische seines Lebens ausströmt, daß es sich in seinen Formen und Gebärden ausdrücken wird, während an vielen Dichtern nichts poetisch ist als ihre Verse. BHR

148. Wir nehmen an, daß es nur wenige große Menschen gibt und daß alle übrigen klein sind; daß es nur *einen* Homer, *einen* Shakespeare, *einen* Newton, *einen* Sokrates gibt. Aber die Seele will in ihren erleuchteten Stunden diese

Anmaßung nicht anerkennen. Wir sollten es verstehen, Sokrates oder Plato oder Sankt Johannes zu preisen, ohne uns selbst dadurch zu verkleinern. In unseren guten Stunden finden wir, daß Shakespeare oder Homer keine überlebensgroßen Erscheinungen waren, daß sie nur die Interpreten ihrer glücklichen Stimmungen waren, und daß in jedem Manne und in jedem Weibe göttliche Möglichkeiten schlummern. s

149. Jeder geistig regsame Mensch erlernt rasch das Geheimnis, daß er außer jener Geisteskraft, die er bewußt besitzt, sich durch völlige Hingabe an die Natur der Dinge noch zu einer anderen Geisteskraft befähigen kann; daß neben den persönlichen Fähigkeiten, die er als Einzelindividuum besitzt, noch eine große allgemeine Macht wirkt, aus der er schöpfen kann, wenn er, auf jede Gefahr hin, die Tore seiner Menschlichkeit öffnet und die Ätherwogen der Ewigkeit durch seine Seele rollen läßt. Dann ist er in das Alleben des Universums aufgenommen, seine Sprache ist Donner, sein Gedanke Gesetz und seine Worte sind allgemeinverständlich wie die Pflanzen und Tiere. Der Dichter weiß, daß er nur dann seinen Gedanken vollen Ausdruck verleihen kann, wenn er seinen Verstand nicht als ein Organ benützt, sondern von allem Frondienst befreit und zu seinem himmlischen Ursprung zurückleitet, oder, wie es die Alten auszudrücken pflegten, wenn er nicht mit dem bloßen Verstand redet, sondern mit nektartrunkenem Verstand. Wie der Reisende, der den Weg verloren hat, seinem Pferde die Zügel um den Hals wirft und nur noch dem Instinkt des Tieres vertraut, so müssen auch wir mit dem

göttlichen Roß tun, das uns durch diese Welt trägt. Denn wenn wir diesen Instinkt auf irgend eine Weise zu beflügeln vermögen, so öffnen sich uns neue Zugänge in die Natur, der Geist durchströmt die härtesten und höchsten Dinge, und die Umwandlung ist möglich.

Dies ist auch der Grund, warum die Dichter Wein, Meth, Narcotica, Kaffee, Tee, Opium lieben, den Rauch des Sandelholzes und des Tabaks und alles, was sonst noch unsere Vitalität erhöht. Alle Menschen suchen sich soviel als möglich durch solche Mittel zu befeuern, um ihren normalen Kräften jene außerordentliche Kraft hinzuzufügen, und aus demselben Grunde schätzen sie Gespräche, Musik, Gemälde, Bildsäulen, Tanz, Theater, Reisen, Krieg, Volksaufläufe, Feuersbrünste, Spiel, Politik oder Liebe oder Wissenschaft oder Räusche. Alle diese Dinge sind gröbere oder feinere mechanische Surrogate für den echten Nektar, der das Entzücken des Geistes ist, weil er ihn den Tatsachen näher bringt. Alle diese Dinge unterstützen die zentrifugale Tendenz des Menschen, der von sich weg in den freien Weltenraum strebt, sie helfen ihm, aus dem Gefängnis dieses Körpers zu entwischen und die Kerkermauern der persönlichen Beziehungen zu überspringen, von denen er umgeben ist. Daher haben viele von denen, deren Beruf es ist, der Schönheit Ausdruck zu geben, wie Maler, Dichter, Musiker und Schauspieler, ein Leben voll leichtfertiger Ausschweifungen geführt. Sie alle, bis auf die wenigen, die den echten Nektar tranken. Aber da sie die Freiheit auf dem Wege einer Fälschung erreichten, da sie sich nicht in die himmlische, sondern in eine viel niedriger gelegene Freiheit flüchteten, wurden sie für den Vorteil, den sie dadurch gewannen, durch Zersplitterung und Verfall ihrer Kräfte bestraft. Denn niemals kann man der Natur irgend einen Vorteil durch einen Trick ablisten. Der Weltgeist, die große schweigende Gegenwart des Schöpfers läßt sich nicht durch die Zaubermittel des Opiums oder des Weines anlokken. Die höchste Eingebung kommt zu der klaren und einfachen Seele, die in einem reinen und keuschen Körper wohnt. Nicht Erleuchtung verdanken wir den narkotischen Mitteln, sondern eine erkünstelte Aufregung und Überreizung. Milton sagt, der lyrische Dichter dürfe Wein trinken und ausschweifend leben, aber der epische Dichter, der von den Göttern und ihrem Wandeln unter den Menschen zu singen hat, müsse Wasser aus einer hölzernen Schale trinken. Denn Poesie ist nicht Teufelswein, sondern Gotteswein. Es ist damit wie mit dem Kinderspielzeug: wir füllen die Hände unserer Kleinen mit allen möglichen Puppen, Trommeln und Pferdchen, aber dadurch ziehen wir ihre Augen von dem Antlitz der Natur ab, von der Sonne und dem Mond, dem Wasser, den Tieren und den Steinen, die ihr Spielzeug sein sollten. Ebenso sollte die Lebensführung des Dichters auf eine so niedrige Tonart gestimmt sein, daß die gewöhnlichsten Eindrücke ihn entzünden müßten. Die Gabe des Sonnenlichtes sollte ihn beglücken, nur Luft sollte seine Inspiration sein, und Wasser sollte ihn trunken machen. Ein solcher Geist, der dem stillen Herzen Genüge tut, der aus jedem trockenen Grasbüschel, aus jedem Fichtenstumpf, aus jedem halbvergrabenen Stein, auf den die trübe Märzsonne scheint, hervorblickt, geht zu den Armen und Hungrigen und zu denen, die einfältigen Herzens sind. Wenn du dein Gehirn mit Boston und New York, mit

Modenarrheiten und Geldgier füllst und deine gehetzten Sinne mit Wein und französischem Kaffee aufpeitschen willst, so wirst du in der einsamen Öde des Fichtenwaldes keinen Abglanz der ewigen Wahrheit entdecken. PT

150. Unsere Künste sind glückliche Würfe. Wir sind wie der Musiker auf dem See, dessen Melodie süßer ist, als er weiß, oder wie der überraschte Gebirgsreisende, dem das Echo triviale Worte in romantischen Donnern zurückhallt.

Angesichts dieser Tatsachen muß man sagen, daß in allen Werken die Macht der Natur über dem menschlichen Willen steht, sogar in denen der schönen Künste. Die Natur malt den besten Teil des Gemäldes, meißelt den besten Teil der Statue, baut den besten Teil des Hauses und hält den besten Teil der Rede. Denn das, was den höchsten Reiz des Kunstwerks ausmacht, ist gerade das, was der Künstler nicht bewußt hervorgebracht hat. Er vertraute auf die Hilfe der Natur: er kam ihr auf halbem Wege entgegen, aber er sah, daß sein Pflanzen und Bewässern auf ihr Sonnenlicht wartete oder nichts wert war. A

151. In der Dichtkunst, wo jedes Wort frei ist, ist jedes Wort notwendig. Ein gutes Gedicht hätte niemals anders geschrieben werden können, als es geschrieben worden ist. Wenn man es zum ersten Male hört, so hat man das Gefühl, als ob es von irgend einer unsichtbaren Vorlage abgeschrieben worden wäre, die der ewige Geist geliefert hat. Man hat nicht den Eindruck, daß es die willkürliche Komposition eines Poetengehirns ist, und so haben es auch alle großen Dichter empfunden. Sie *fanden* die Verse, sie machten sie

nicht. Die Musen trugen sie ihnen zu. Und in der Bild-
hauerei: hat jemals ein Mensch den Apollo ein Phantasie-
stück genannt? oder sich den Laokoon anders vorstellen
können? Ein Meisterwerk der Kunst hat seinen festbe-
stimmten Platz in der Kette des Geschehens, geradesogut
wie eine Pflanze oder ein Kristall. A

152. Die großen Werke sind Kinder des absoluten Geistes,
in dessen Wesen die Güte nicht minder liegt als die Wahrheit, und sie stehen daher immer mit unserer moralischen
Natur im Einklang. Erde und Meer halten es mehr mit der
Tugend als mit dem Laster – und so auch die Meisterwerke
der Kunst. Die antiken Skulpturen in den neapolitanischen
und römischen Galerien wirken durch nichts tiefer auf unseren Geist als durch den ergreifenden Gegensatz zwischen
der Reinheit und Strenge, die in dem Gesichtsausdruck dieser vornehmen alten Köpfe liegt, und der Frivolität und
Dicknäsigkeit des Mobs, der sie ausstellt, und des Mobs,
der sie angafft. A

153. Die Welt der Sinne ist die Welt des Schauspiels. Sie besteht nicht für sich selbst, sondern hat einen symbolischen
Charakter. Echte Weltklugheit erkennt, daß hinter dem
Gesetz des Schauspiels andere Gesetze wirken, und weiß
daher, daß sie selbst nur einen untergeordneten Wirkungs-
kreis hat, daß sie nur an die Oberfläche und nicht an den
Kern der Dinge greift. Die Weltklugheit ist im Irrtum,
wenn sie sich auf sich selbst stellt. PR

154. Die Lebensklugheit, die unser äußeres Wohlergehen sichert, sollte nicht von einer bestimmten Menschenkaste studiert werden, und Heldentum und Heiligkeit von einer anderen, sondern beides läßt sich vereinigen.

Poeten sollten Gesetzgeber sein: das heißt, die kühnste lyrische Inspiration sollte dem Zivilkodex und dem Alltagsleben kein feindlicher Vorwurf, sondern ein führender Wegweiser sein. Aber heutzutage liegen diese beiden Mächte in einem unversöhnlichen Kampf. PR

155. Raffael malt Weisheit, Händel singt sie, Phidias meißelt sie, Shakespeare dichtet sie, Wren baut sie, Kolumbus segelt sie, Luther predigt sie, Washington bewaffnet sie, Watt macht sie zur Maschine. Die Malerei ist »stumme Poesie« genannt worden, und die Poesie »redende Malerei«. Die Gesetze jeder Kunst lassen sich mit den Gesetzen aller übrigen Künste vertauschen. A

Große Männer

156. Die Natur spart nicht mit Opium und Lethe, sondern wo immer sie eines ihrer Geschöpfe durch Fehler und Gebrechen entstellt, da legt sie reichlich Balsam auf die Wunde, und das Stiefkind geht fröhlich und ahnungslos durchs Leben, unfähig, seinen Makel zu sehen, auf den die ganze Welt mit Fingern weist. Die wertlosen und schädlichen Glieder der Gesellschaft, deren Existenz ein soziales Gift ist, halten sich ausnahmslos für die verkanntesten Geschöpfe der Erde und kommen aus dem Staunen über die Undankbarkeit und Selbstsucht ihrer Zeitgenossen gar nicht heraus. Unsere Erde schenkt ihre geheimen Segnungen nicht nur den Helden und Erzengeln, sondern auch den Klatschbasen und Ammen. Müssen wir nicht die feine List bewundern, mit der sie in jedes Geschöpf gerade die bekömmliche Dosis jenes Trägheitsvermögens gelegt hat, das sich als Abwehrenergie zugunsten des Bestehenden und als Ärger über Aufrüttelung und Veränderung äußert? Völlig unabhängig von den geistigen Kapazitäten ist in jedem Menschen der Stolz auf die eigene Meinung festgewurzelt, die Überzeugung, im Recht zu sein. Das zitterigste Mütterchen, der breitmäuligste Idiot, sie wissen ihr letztes Quentchen Verstandeskraft nicht besser zu verwenden, als indem sie sich über die vermeintlichen Torheiten aller übrigen selbstgefällig belustigen. Die Verschiedenheit vom eigenen Ich ist der Maßstab für die Torheit der anderen, und keiner

hat die Befürchtung, im Unrecht zu sein. War es nicht ein glorioser Gedanke, die Dinge mit diesem haltbarsten aller Zemente zusammenzukitten? Indes, mitten durch diese lächerliche Selbstvergötterung schreitet bisweilen eine Gestalt, die sogar Thersites lieben und bewundern müßte. Sie ist es, die der Leitstern unseres Weges sein soll, und unabsehbar ist die Förderung, die wir ihr verdanken. Ohne Plato müßten wir fast alle Zuversicht in die Möglichkeit eines vernünftigen Buches verlieren. Wir benötigen, wie es scheint, nur ein einziges, aber das eine unerläßlich. Wir schließen uns gerne den hervorragenden Personen an, denn unsere Aufnahmefähigkeit hat keine Grenzen, und im Verkehr mit Großen werden auch unsere Gedanken und Lebensformen leicht groß. Alle Menschen sind weise der Anlage nach; aber nur wenige sind es in der Praxis. Es bedarf in einer Gemeinschaft nur eines einzigen weisen Mannes, und alle werden weise; so rasch wirkt die Ansteckung.

Große Männer sind also ein Augenwasser, das unsere Augen vom Ich-Staub reinigt und uns befähigt, andere Menschen und ihr Wirken zu begreifen. UGM

157. Die große Mehrzahl der Geschöpfe und ihrer Möglichkeiten ruht noch verborgen der Zukunft gewärtig. Jedes Ding scheint, gleich der verzauberten Prinzeß im Märchen, auf seinen ihm vorbestimmten menschlichen Befreier zu harren. Ein jedes muß entzaubert werden und in Gestalt eines Menschen in das Licht des Tages heraustreten. Die Geschichte der Entdeckungen scheint uns zu bestätigen, daß jede reife, aber noch gebundene Wahrheit sich selbst das Gehirn geschaffen hat, das sie offenbaren konnte. Der

Magnet muß in einem Manne wie Gilbert, Swedenborg oder Ørsted seine Menschwerdung erfahren haben, ehe die Allgemeinheit dazu gelangen kann, seine Kräfte zu begreifen. UGM

158. Gemessen an den Prägern neuer Gedanken, sinken die Präger materieller Werte zu einer Art von Pasteten-köchen und Tortenbäckern herab. Das Genie ist der Natur-forscher und Geograph der übersinnlichen Regionen und entwirft ihre Landkarten. Es macht uns mit unbekannten Schaffensgebieten bekannt und kühlt damit unsere Begei-sterung für das verbrauchte Alte ab. Mit einem Schlag wird die neuentdeckte als die einzig wahre anerkannt, zu der sich die bisherige wie ein bloßer Schein ver-hält. UGM

159. Die großen Männer sind der Traum der Jugend und das würdigste Studium des gereiften Geistes. Wir reisen in fremde Gegenden, um ihre Werke zu finden, um wo-möglich einen Blick von ihnen zu erhaschen. Aber das Leben speist uns immer nur mit äußeren Vorteilen ab. Ich höre immer nur: die Engländer sind praktisch; die Deutschen sind gastfreundlich; Valencia hat ein wunder-volles Klima, und im Hügelland des Sacramento liegt das Gold nur so herum. Nun ja; aber ich reise doch nicht, um ein gemütliches, reiches oder gastfreundliches Volk zu finden, oder einen klaren Himmel, oder Goldklumpen, die immer zu teuer erkauft werden. Gäbe es jedoch einen Magneten, der nach den Ländern und Häusern wiese, wo es Leute von innerem Reichtum und innerer Kraft gibt:

ich würde alles verkaufen, um mir ihn einzuhandeln, und mich noch heute auf den Weg zu machen. UGM

160. Es ist das Vergnügen niedriger Talente, den Beschauer zu verwirren und zu blenden; aber der echte Genius sucht uns vor seiner eigenen Übermacht zu schützen. Echter Genius will nicht arm machen, sondern befreien und neue Sinne schaffen. Wenn ein weiser Mann in unserem Dorf erschiene, so würde er in allen, die mit ihm verkehren, das Bewußtsein neuer Reichtümer wecken, indem er ihnen unbekannte Betätigungsmöglichkeiten eröffnete. Er würde den Geist unerschütterlichen Gleichmutes in uns aufrichten und uns die beruhigende Gewißheit verleihen, daß wir nicht betrogen werden können, so daß jeder einzelne die Vorteile und Nachteile seiner Lage genau ermessen könnte. Der Reiche würde seine Irrtümer und seine Armut einsehen, und der Arme würde seine Auskunftsmittel und Hilfsquellen erkennen. UGM

161. Was ist ein großer Mann anderes als eine große Anziehungskraft, die sich alle Künste und Wissenschaften und alles Wissenswerte als Nahrung zu assimilieren vermag? Er kann nichts entbehren; er kann über alles verfügen: was nicht sein Können erweitert, das erweitert sein Wissen. Daher zeihen ihn seine Zeitgenossen des Plagiats. Aber ein Erfinder ist nichts anderes als ein Mensch, der weiß, wie er zu borgen hat, und die Gesellschaft ist froh, wenn sie die unzähligen Arbeiter vergessen darf, die für den Baumeister gekarrt haben, und überträgt alle ihre Dankbarkeit auf ihn. Wenn wir Plato loben, so scheint es, als ob wir Zitate aus

Solon und Sophron und Philolaus loben. Mag es so sein. Jedes Buch ist ein Zitat; und jedes Haus ist ein Zitat aus allen Wäldern und Bergwerken und Steinbrüchen; und jeder Mensch ist ein Zitat aus seinen Vorfahren. Aber der Griff des Erfinders zwingt alle Nationen in seinen Dienst. PL

162. Es ist das beste Kennzeichen einer großen Natur, daß sie uns einen Vordergrund eröffnet und wie der Hauch einer morgendlichen Landschaft uns zum Vorwärtsschreiten einladet. Manchen Geistern ist es für immer versagt, in die Natur einzudringen; andere wieder sind für immer dazu verurteilt, nie aus der Natur herauszukommen. SW

163. Sprich mit einem Geiste von großartiger Einfachheit, und die ganze Literatur erscheint dir als bloßes Wortgeklingel. Die einfachsten Äußerungen sind der Aufzeichnung am meisten würdig, und demnach sind sie so wohlfeil und so landläufig, daß dies bei dem unendlichen Reichtum der Seele geradeso wäre, wie wenn wir ein paar Kieselsteine sammeln oder ein bißchen Luft in einer Flasche verkorken wollten, obgleich die ganze Erde und die ganze Atmosphäre uns gehört. Aber nur dann kannst du einem solchen Kreise angehören, wenn du allen Flitter von dir wirfst und in nackter Wahrheit als Mensch zum Menschen trittst. OS

164. Unter den hervorragenden Personen gehören gerade die der Menschheit wertvollsten nicht zu der Klasse, die die Nationalökonomie Produzenten nennt: sie haben nichts in Händen; sie haben nicht Korn gebaut, nicht Brot gebacken; sie haben weder Kolonisten angesiedelt noch ein Werkzeug

erfunden. Den höheren Rang erkennt die ehrfurchtsvolle Liebe unseres städtebauenden und handeltreibenden Geschlechts dem Dichter zu, der, ein König im Reiche des Geistes, unser Denken mit Vorstellungen, unsere Phantasie mit Bildern bereichert, die uns über die Welt von Korn und Geld erheben und uns für die Mißerfolge des Tages und die Kleinkrämerei von Arbeit und Geschäft entschädigen. Einen ähnlichen Wert hat der Philosoph: er reizt den Intellekt des Arbeitsmenschen durch die Feinheiten, mit denen er ihn bekannt macht und durch die er ihm neue Perspektiven eröffnet. Andere mögen Städte *bauen*; der Philosoph hat sie zu begreifen und für ihr Prestige zu sorgen. Aber es gibt eine Klasse, die uns noch in andere Gebiete führt: in die Welt des sittlichen Fühlens und Handelns. Das Eigenartige dieser geistigen Richtung besteht darin, daß sie beansprucht, überall dort, wo das Gefühl des Guten in Frage kommt, ausschließlich das Wort zu führen. Aus den anderen Dingen mache *ich* Poesie; aber das sittliche Gefühl macht Poesie aus *mir*.   sw

165. Das Spiegelbild des Himmelsgewölbes ist in einer großen Kugel, auch wenn sie durch Flecken und Sprünge entstellt ist, leichter zu sehen als in einem Wassertropfen, und ebenso geben uns Menschen von großem Kaliber wie Pascal oder Newton trotz gewisser Exzentrizitäten und Verrücktheiten bessere Aufklärungen als wohlausgeglichene Mediokritäten.   sw

166. Große Genies haben die kürzesten Biographien. Selbst ihre Vettern könnten dir nichts über sie erzählen. Sie

lebten für ihre Schriften, und daher war das Leben, das sie zu Hause und auf der Straße führten, trivial und ein Gemeinplatz. Wenn du ihren Geschmack und ihre Gemütsart kennen lernen willst, so gehe zu dem Leser, der sie am meisten bewundert: der wird ihnen am ähnlichsten sein. Wie ein guter Kamin seinen eigenen Rauch verbrennt, so verwandelt der Philosoph den Wert aller seiner Lebensgüter in geistige Leistungen.   PL

167. Vieles, was in der Welt als Weisheit gilt, ist keine Weisheit, und die erleuchtetsten Menschen standen über allem literarischen Ruhm und sind keine Schriftsteller geworden. In der Menge der Gelehrten und Schriftsteller sehen wir nichts Heiliges gegenwärtig. Wir haben viel eher den Eindruck eines Kunstgriffes und einer Geschicklichkeit als den einer höheren Eingebung. Sie haben irgend ein Licht und wissen nicht, woher es kommt, und sagen, es sei ihr eigenes. Ihr Talent ist irgend eine auf die Spitze getriebene Fähigkeit, irgend eine übermäßig entwickelte Teilbegabung, so daß ihre Stärke eine Krankheit ist. In diesen Fällen machen die geistigen Gaben nicht den Eindruck der Tugend, sondern beinahe den eines Lasters, und wir fühlen, daß diese Talente nur Hindernisse auf dem Wege der Wahrheitserkenntnis sind. Aber das Genie ist religiös. Es hat mehr von der Weltseele in sich eingesaugt als die anderen. Es ist keine Anomalie, es hat mit allen übrigen Menschen nicht etwa die geringste, sondern die größte Ähnlichkeit. In allen großen Dichtern lebt ein Wissen um die Menschheit, das höher steht als alle Talente, die ihnen eigen sind. Der Schriftsteller, der geistreiche Kopf, der Parteigänger, der

Weltmann, dies alles füllt den Menschen nicht aus. Menschlichkeit leuchtet in Homer, in Chaucer, in Spenser, in Shakespeare, in Milton. Diesen genügt die Wahrheit. Sie sprechen im Positiv. Denen, die durch die überhitzte Leidenschaftlichkeit und die schreienden Farben geringerer, aber populärer Schriftsteller überreizt worden sind, scheinen sie kalt und gleichgültig. Denn sie sind Dichter dadurch, daß sie dem unterweisenden Weltgeist freien Lauf lassen, der durch ihre Augen die Dinge, die er geschaffen hat, von neuem anblickt und segnet. Der Weltgeist steht höher als ihr Wissen, ist weiser als jedes ihrer Werke. Der große Dichter bringt uns zum Bewußtsein unseres eigenen Reichtums und lehrt uns, von seinen Schöpfungen gering zu denken. Wenn er uns dazu bringt, alles gering zu schätzen, was er geschrieben hat, so hat er uns sein Bestes gegeben. Shakespeare trägt uns zu so luftigen Höhen des Geistes empor, daß er uns einen Reichtum schenkt, gegen den sein eigener bettelhaft erscheint. os

168. Große Menschen sind mehr durch die Höhe und den Umfang ihres Geistes ausgezeichnet als durch Originalität. Wenn wir darin Originalität erblicken, daß eine Spinne ihr Gewebe aus ihren eigenen Eingeweiden zieht, oder daß einer, der ein Haus baut, sich selbst den Lehm sucht und die Ziegel macht, dann ist kein großer Mensch ein Original. Aber wertvolle Originalität besteht nicht darin, daß man den übrigen Menschen unähnlich ist. Der Held steht mitten im Gedränge der Ritter und im Wirbel der Ereignisse. Er sieht, was die Menschen brauchen, er teilt ihre Sehnsucht, und er fügt den weiten Blick und den langen Arm hinzu, der

zur Erreichung des ersehnten Ziels nötig ist. Der größte Genius hat die meisten Schulden. Ein Dichter ist kein Quasselkopf, der redet, was ihm gerade durchs Hirn schießt, und der, da er alles mögliche sagt, auch schließlich einmal etwas Gutes sagt, sondern er ist das Herz seiner Zeit und seines Landes.

Jeder Meister hat sein Material gesammelt vorgefunden, und seine Stärke lag darin, daß er mit seinem Volk zu fühlen verstand und das Material liebevoll bearbeitete. Welch eine sparsame Ökonomie der Kräfte! Und welch ein Ausgleich für die Kürze des menschlichen Lebens! Alle Mittel sind ihm zur Hand. Die ganze Welt hat ihn auf seinem Wege so weit vorwärts gebracht. Das Menschengeschlecht ist vor ihm hinausgezogen, hat Berge rasiert, Abgründe ausgefüllt und Ströme überbrückt. Männer, Nationen, Dichter, Künstler, Frauen, alle haben sie für ihn gearbeitet, und er setzt ihre Vorarbeiten fort. Würde er sich irgend eine andere Aufgabe wählen, die abseits vom Zeitgefühl, vom nationalen Bedürfnis und der Geschichte liegt, so müßte er alles allein machen: seine Kräfte würden auf die ersten Vorbereitungen verausgabt werden. Man könnte fast sagen: große geniale Kraft besteht darin, daß man nicht im geringsten original ist, sondern die größte Aufnahmefähigkeit besitzt; daß man die Welt alles tun läßt und den Geist der Stunde ohne Widerstreben durch den eigenen Geist ziehen läßt.

Alle Originalität ist also relativ. Jeder Denker ist rückschauend. Das gelehrte Mitglied der gesetzgebenden Versammlung in Westminster oder Washington spricht und stimmt für Tausende. Man zeige uns die Wählerschaft und die unsichtbaren Kanäle, durch die ihre Wünsche dem Senator zufließen, die Masse kenntnisreicher und praktischer Männer, die ihn durch Briefe oder Gespräche mit Tatsachen, Anekdoten und Urteilen genährt haben: und die Glorie der Selbständigkeit und Unabhängigkeit, die ihn umgibt, wird verblassen. Wie Sir Robert Peel und Mister Webster für Tausende abstimmten, so dachten Locke und Rousseau für Tausende, und so waren auch ringsum Homer, Manu, Saadi oder Milton Quellen, aus denen sie schöpften. Freunde, Geliebte, Bücher, Überlieferungen, Sprichwörter – alles das ist verschollen; könnten wir es aber sehen, so würden uns diese Männer nicht mehr so wunderbar erscheinen. Spricht der Barde mit überzeugender Kraft? Oder fühlt er, daß einer seiner Genossen stärker ist als er? Diese Frage tritt gebieterisch vor das Gewissen des Schriftstellers. Ist in seiner Brust ein Delphi, das er über die Wahrheit jedes Gedankens und jedes Dinges befragen kann? Ja oder Nein? Und bekommt er eine Antwort, und kann er sich auf die Antwort verlassen? Alle Schulden, die ein solcher Mann bei fremden Geistern machen könnte, würden ihm dann das Bewußtsein seiner Originalität nicht trüben, denn die Handreichungen, die fremde Geister und Bücher ihm leisten, sind ein Rauchringel im Vergleich zu dieser höchstpersönlichen Wahrheit, mit der er im Verkehr stand. SH

169. *Shakespeare*
Obgleich wir von Shakespeare nicht das geringste wissen, ist er doch die einzige Person in der ganzen modernen Geschichte, die uns wirklich bekannt ist. Laßt Timon, laßt

Warwick, laßt den Kaufmann Antonio für sein großes Herz zeugen. Wo ist eine Frage der Sittlichkeit und Sitte, der Staatskunst, der Philosophie, der Religion, des Geschmacks, der Lebensführung, die er nicht behandelt hätte? wo ist ein Geheimnis, von dem er nichts gewußt hätte? wo ist ein Amt, ein Beruf, ein menschliches Wirkungsfeld, das er nicht berührt hätte? wo ist ein König, den er nicht in der königlichen Würde belehrt hätte, wie Talma den Napoleon? wo ist ein Edelmann, dessen Manieren er nicht verfeinert hätte? welches Mädchen hat seine Verse nicht süßer gefunden als ihre zartesten Liebesstunden? Welcher Liebhaber war ihm an Liebe, welcher Weise an Tiefblick gleich?

Manche begabten und urteilsfähigen Kritiker sind der Ansicht, daß keine Kritik Shakespeares etwas wert sei, die sich nicht ausschließlich auf sein dramatisches Verdienst stütze. Ich denke ebenso hoch von seinen dramatischen Verdiensten wie diese Kritiker, aber ich bin der Ansicht, daß sie erst in zweiter Linie kommen. Er war ein Mann, der etwas zu sagen hatte, ein Gehirn, das Gedanken und Bilder ausströmte und dem, als es ein Ventil suchte, das Drama gerade am nächsten lag.

Wäre er ein geringerer gewesen, so hätten wir zu beurteilen, wie gut er seinen Platz ausgefüllt hat und wie tüchtig er als Dramatiker war; und er war der beste Dramatiker der Welt. Aber es stellt sich heraus, daß das, was er zu sagen hatte, von solchem Gewicht war, daß es die Aufmerksamkeit von dem Vehikel ablenkt. Er ist wie ein Heiliger, dessen Geschichte in alle Sprachen überliefert, in Verse, in Prosa, in Gesänge und Bilder und in kleine Sinnsprüche zerschnitten wurde, so daß der Anlaß, der dem Gedanken des Heiligen die Form einer Unterredung oder einer Predigt oder eines Gesetzbuches gab, unwesentlich ist im Vergleich zur Universalität der Anwendung. So ergeht es uns mit dem weisen Shakespeare und seinem Lebensbuch. Er schrieb die Melodien für alle unsere modernen Musikstücke; er schrieb den Text unseres modernen Lebens, den Text unserer Sitten; er zeichnete den englischen Menschen und den europäischen Menschen, den Vater des amerikanischen Menschen; er zeichnete den Menschen und beschrieb seinen Tag und sein Tagewerk; er las in den Herzen der Männer und Frauen, er wußte von ihrer Ehrlichkeit und von ihren Hintergedanken und Listen, von den Listen der Unschuld und den Übergängen, auf denen Tugenden und Laster in ihr Gegenteil hinüber gleiten; er konnte im Antlitz des Kindes den Anteil der Mutter vom Anteil des Vaters scheiden; er zeichnete die feinen Grenzlinien zwischen Willensfreiheit und Schicksal; er kannte jene Repressivgesetze, welche die Polizeimaßregeln der Natur sind, und alle Süßigkeiten und alle Schrecken des menschlichen Loses lagen in seinem Geiste so klar und ruhig da, wie eine Landschaft vor unseren Augen liegt. Angesichts dieser Wucht der Lebensweisheit verliert die Form, ob dramatisch oder episch, jede Bedeutung. Es ist gerade so, als ob wir nach dem Papier fragen wollten, auf dem der Erlaß eines Königs geschrieben ist. SH

170. Laß einen begabten Menschen irgend eine Geschichte erzählen, und sogleich wird sich seine Parteilichkeit offenbaren. Er hat bestimmte Beobachtungen, Meinungen, Themen, die für ihn eine zufällige besondere Bedeutung haben

und die er nun zur Schau stellt. Er überladet die eine Partie und behandelt die andere zu mager, denn er will nicht die Natur der Sache, sondern seine eigene Natur und seine Stärke zeigen. Aber Shakespeare hat keine Sonderinteressen, keine Aufdringlichkeit, keine Spezialthemen, sondern alles ist so dargestellt, wie es der Gegenstand erfordert. Er hat keine Launen und Schrullen, er ist kein Kuhmaler, kein Vogelzeichner, kein Manierist. Er hat keine deutliche Liebhaberei: von großen Dingen spricht er groß, von kleinen Dingen klein. Er ist weise ohne Emphase und Aplomb; er ist stark, wie die Natur stark ist, die das Flachland zum Gebirge sich erheben läßt, ohne sichtbare Anstrengung und nach demselben Gesetz, nach dem sie eine Luftblase entstehen läßt, und die das eine so gern tut wie das andere. Hierauf beruht auch seine gleichmäßige Begabung für Posse, Tragödie, Erzählung und Liebeslied, eine so ungeheure Begabung, daß jeder Leser es für unwahrscheinlich hält, daß ein anderer Leser sie überhaupt fassen kann.　SH

171. Shakespeare, Homer, Dante, Chaucer sahen den Schimmer eines tieferen Sinnes, der über der sichtbaren Welt liegt. Sie wußten, daß ein Baum einen anderen Zweck hat, als Äpfel zu tragen, und Korn einen anderen Zweck, als Mehl zu liefern, und der Erdball für etwas anderes da ist als für Ackerbau und Fahrstraßen, daß alle diese Dinge im Geiste eine zweite und schönere Ernte tragen, indem sie Sinnbilder seiner Gedanken werden und zu dem ganzen menschlichen Leben einen bestimmten stummen Kommentar liefern. Shakespeare aber verwendete sie nur als Farben zu seinem Gemälde. Sein Auge blieb auf ihrer

Schönheit ruhen, niemals tat er den Schritt, der bei einem solchen Genius unvermeidlich erscheint: niemals suchte er zu erkunden, welche Macht hinter diesen Symbolen stehe und ihnen ihre Kraft verleihe. »Was sagen sie uns denn nun eigentlich?« – diese Frage tat er niemals. Er verwandelte die Elemente, die seines Winkes gewärtig waren, in Unterhaltungsstücke, er war Direktor des Vergnügungskomitees der Menschheit. Ist das nicht gerade so, wie wenn einer durch majestätische Wissensmacht die Kometen oder die Planeten und ihre Monde in seine Hand bekommen hätte und sie dann aus ihren Bahnen risse, um sie in einer Feiertagsnacht beim städtischen Feuerwerk zu verwenden, und in allen Städten anschlagen ließe: »Heute abend erstklassiges Brillantfeuerwerk«? Sind die Kräfte der Natur und die Fähigkeit, sie zu begreifen nicht mehr wert als eine Straßenserenade oder der Dampf einer Zigarre? Das Posaunenwort des Korans kommt uns in den Sinn: »Der Himmel und die Erde und alles, was dazwischen ist, meint ihr, wir hätten es zum Spaß erschaffen?« Solange es sich um Talente und Geist handelt, hat die Welt nichts, was Shakespeare gleicht; aber wenn es sich um das Leben selbst handelt und um ihre Stoffe und Hilfskräfte, was nützt er mir dann? Was ist der Sinn des Lebens? Ist es nur ein Dreikönigsspiel? Ein Sommernachtstraum? Ein Wintermärchen? Was liegt an einem Gemälde mehr oder weniger! Da müssen wir an das Motto der Shakespeare-Gesellschaften denken: daß er ein lebenslustiger Schauspieler und Theaterdirektor war. Ich kann diese Tatsache mit seinen Dichtungen nicht vereinigen. Andere bewunderungswürdige Männer haben in einer gewissen Übereinstimmung mit ihrem Denken gelebt. Aber bei diesem Mann besteht ein ungeheurer Gegensatz. Wäre er ein geringerer gewesen, hätte er nur das Durchschnittsmaß großer Schriftsteller wie Bacon, Milton, Tasso, Cervantes erreicht, so könnten wir diese Tatsache im Zwielicht menschlicher Schicksalsfügungen ansehen: aber daß dieser Mensch der Menschen, der unserem Denken ein neues und weiteres Feld eröffnet hat, als es jemals besessen hatte, und die Fahne der Menschlichkeit um einige Marksteine weiter ins Chaos pflanzte, daß dieser Mensch nicht auch für sich selbst sollte weise gewesen sein – nun, es bleibt uns nichts anderes übrig, als daß wir uns mit der merkwürdigen geschichtlichen Tatsache abfinden, daß der größte Dichter ein obskures und weiheloses Leben geführt hat und seinen Genius für das öffentliche Amüsement aufbrauchte.

Nun, es gibt ja aber andere Männer, Priester und Propheten, Israeliten, Deutsche und Schweden, die sich mit demselben Gegenstand befaßten. Sie sahen durch die Dinge hindurch zu dem, was sie wirklich enthielten. Aber was kam am Ende heraus? Schnurstracks verschwand die Schönheit; sie wußten nur von Befehlen, ausschließenden bergehohen Pflichten; eine tiefe Trostlosigkeit und Traurigkeit senkte sich auf sie, und das Leben wurde ein gespenstiger, freudloser Pilgerzug, eine Prüfung, rings umlagert von jammervollen Geschichten: hinter uns Adams Fall und Adams Fluch, vor uns Gerichtstage und sühnende Fegefeuer, und das Herz sank dem Seher, das Herz sank dem Hörer.

Man muß zugeben: dies sind nur halbe Gesichte halber Menschen. Die Welt wartet noch immer auf ihren Dichter-Seher, der die Gegensätze versöhnen wird, der nicht tändeln wird wie Shakespeare, der Schauspieler, und nicht in

Gräbern herumtappen wird wie Swedenborg, der Leichenbitter, sondern der mit gleicher Inspiration für beides sprechen und handeln wird. Denn in dem Maße, als unser Wissen fortschreitet, wird der Sonnenschein immer heller werden. Gerechtigkeit ist schöner als irgend eine persönliche Zärtlichkeit, und Liebe ist vereinbar mit umfassender Weisheit. SH

172. Napoleon

Die Dummheit, Unentschlossenheit und Gleichgültigkeit ist unter den Menschen so allgemein verbreitet, daß wir uns zu der Erscheinung eines so starken und schlagfertigen Tatmenschen wie Napoleon gar nicht genug beglückwünschen können. Er ergriff die Gelegenheit beim Schopfe und zeigte uns, wieviel vollbracht werden könnte, wenn gewisse Fähigkeiten, durch die er hervorragte, die aber alle Menschen in geringerem Grade besitzen, mehr gepflegt würden: nämlich Pünktlichkeit, persönliche Aufmerksamkeit, Mut und Gründlichkeit. Die Österreicher, sagte er, kennen den Wert der Zeit nicht. Er ist das Vorbild tatkräftiger Lebensklugheit. Seine Macht beruhte nicht auf irgend einer wilden und ausschweifenden Kraft, auf irgend einem Enthusiasmus wie bei Mohammed, oder auf irgend einer besonderen Kunst der Überredung, sondern lediglich darin, daß er an jedes Ereignis mit seinem natürlichen Menschenverstand herantrat, statt sich auf herkömmliche Regeln und Überlieferungen zu stützen. Er gibt uns die Lehre, die jede echte Lebenskraft uns lehrt: daß immer Raum für sie da ist. Auf tausend feige Zweifel ist das Leben dieses Mannes eine Antwort. Als er auftrat, waren alle Fachleute

davon überzeugt, daß es nichts Neues mehr in der Krieg-
führung geben könne, geradeso wie die Leute von heutzutage davon überzeugt sind, daß nichts Neues mehr im
politischen und kirchlichen Leben, in den Wissenschaften,
im Handel, im Bodenbau, in unseren sozialen Sitten und
Gebräuchen entstehen könne, und wie es zu allen Zeiten die
Überzeugung der Gesellschaft war, daß die Welt sich aufgebraucht habe. Aber Bonaparte wußte es besser als die Gesellschaft, und mehr noch: er wußte, daß er es besser wußte.
Ich glaube, alle Menschen denken besser als sie handeln, sie
wissen, daß die Einrichtungen, die wir so geschwätzig an-
preisen, nichts sind als Spielzeuge und Kinderlaufstühle,
aber sie wagen es nicht, ihren Empfindungen zu trauen.
Bonaparte dagegen verließ sich auf sein hohes Gefühl und
kümmerte sich nicht die Bohne um das, was die anderen
sagten. Die Welt behandelte seine Neuerungen geradeso,
wie sie jedermanns Neuerungen behandelt: sie machte unzählige Einwendungen und ließ alle Hindernisse Revue
passieren –, aber er pfiff auf ihre Einwendungen.

Ich möchte Napoleon den Agenten und Anwalt der Mittelklasse unserer modernen Gesellschaft nennen, des großen Schwarms, der die Marktläden, Handelshäuser, Fabriken und Schiffe füllt und vor allem gern reich werden will.
Er war der Volksagitator, der Vernichter der Privilegien,
der Reformator der inneren Zustände, der Liberale, der
Radikale, der Erfinder neuer Mittel, der Mann, der die Tore
und Märkte öffnete und Monopole und Mißbräuche ab-
schaffte. Natürlich mochten die Reichen und der Adel ihn
nicht leiden. England, das Hauptlager des Kapitalismus,
und Rom und Österreich, die Hauptlager der Tradition

und der Erbhierarchie, stellten sich ihm in den Weg. Die Bestürzung der stumpfsinnigen konservativen Klassen, der Schrecken der verrückten alten Männer und alten Weiber im römischen Konklave, die in ihrer Verzweiflung überall nach einer Stütze suchten und sogar zum rotglühenden Eisen griffen, die vergeblichen Versuche, ihn durch Amüsements von seinen Plänen abzuziehen, der ebenso vergebliche Versuch des österreichischen Kaisers, ihn zu bestechen, und auf der anderen Seite die instinktive Gefolgschaft, die ihm alle jungen, feurigen, tatkräftigen Menschen auf der ganzen Welt leisteten, da sie in ihm den Helden der Mittelklasse erkannt hatten: – dies alles macht seine Geschichte so glänzend und imposant. Er hatte die Tugenden der Masse, er hatte auch ihre Laster. Es ist schade, daß dieses leuchtende Gemälde auch seine Kehrseite hat. Aber das ist die fatale Eigenschaft, die wir überall dort entdecken, wo man nur auf äußerlichen Glanz ausgeht, nämlich, daß weltlicher Glanz verräterisch ist und daß er durch eine Zersplitterung und Schwächung des sittlichen Gefühls erkauft wird. Und es ist nicht zu vermeiden, daß diese Tatsache sich auch in der Geschichte jenes Streiters geltend machte, der sich ganz einfach vorgenommen hatte, eine brillante Karriere zu machen, ohne sich irgendwelche Einschränkungen oder Skrupel bezüglich der Mittel zu machen.

Jedes Experiment, das einen sinnlichen oder selbstsüchtigen Zweck verfolgt – ob es von Massen oder von einzelnen unternommen wird – muß fehlschlagen. Der friedliche Fourier ist am Ende ebenso machtlos wie der furchtbare Napoleon. Solange unsere Zivilisation in der Hauptsache sich auf Eigentumsrechte, auf Einzäunungen und Absperrungen stützt, wird sie immer das Opfer von Enttäuschungen sein. Unsere Reichtümer werden uns krank machen, in unserem Lachen wird Bitterkeit sein, und unser Wein wird uns den Mund verbrennen. Nur von solchen Gütern können wir wahren Nutzen haben, die wir bei offenen Türen genießen können und die der gesamten Menschheit dienen. NP

173. *Goethe*

Goethe erschien zu einer Zeit, als die Kultur sich über alle Gebiete verbreitet und alle scharfen individuellen Züge verwischt hatte: da es an heroischen Charakteren fehlte, so begnügte man sich mit geselligem Ineinanderarbeiten. Es gab keine Poeten, aber eine Menge poetischer Schriftsteller, keinen Kolumbus, aber hunderte von Postkapitänen mit Durchgangsfernrohr, Barometer, Suppenkonserven und Pemmikan, keinen Demosthenes, keinen Chatham, aber eine ganze Anzahl geschickter Parlamentarier und Gerichtsredner, keine Propheten oder Heiligen, aber theologische Fakultäten, keine Gelehrten, aber gelehrte Gesellschaften, wohlfeile Bücher, Lesezimmer und Bibliotheken in Masse. Niemals hatte es ein so ungeheures Tatsachenmaterial gegeben. Die Welt breitete sich aus wie der amerikanische Handel. Das griechische und römische Leben, das Leben im Mittelalter ist eine einfache, verständliche Sache, aber das moderne Leben, das eine Unmasse von Dingen zu berücksichtigen hat, ist verwirrend.

Goethe wurde der Philosoph dieser Vielfältigkeit, hundertarmig, argusäugig und mit der Fähigkeit begabt, mit diesem bunten Durcheinander von Tatsachen und Wissenschaften fertig zu werden und vermöge seiner geistigen Elastizität mit Leichtigkeit frei darüber zu verfügen. Ein männlicher Geist, den die vielfachen Hüllen der Konvention, in die das Leben sich vermummt hatte, nicht in Verlegenheit setzten, und der sie mit der Feinheit seines Geistes leicht zu durchdringen vermochte; denn er war stark wie die Natur selbst, mit der er in vollster Vertrautheit lebte.

Er hatte die Kraft, die getrennten Atome durch ihre eigenen Gesetze wieder miteinander zu vereinigen. Er hat unser modernes Leben mit Poesie umkleidet. Inmitten der kleinlichen Alltäglichkeiten entdeckte er den Genius des Lebens, den alten schlauen Proteus, der ganz dicht neben uns hockte, und er zeigte, daß die Langweiligkeit und Prosa, die wir unserem Zeitalter zuschreiben, nichts anderes war als eine neue Maske dieses Proteus:

»selbst wenn er flieht, ist er verkleidet da«,

daß der Proteus nur die glänzende Uniform mit einem Hauskleid vertauscht hatte und mit genau derselben Lebensfülle und Lebenskraft heutzutage in Liverpool oder im Haag wirkte wie einst in Rom oder in Antiochia. Er suchte ihn auf den öffentlichen Plätzen und in den großen Straßen, auf den Boulevards und in den Hotels, und er zeigte, daß selbst im Philisterreich der Routine und der Sinne eine dämonische Kraft lauert, daß auch in den Handlungen der Routine die Fäden der Mythologie und der Fabel sich weiterspinnen. G

174. Der Teufel hatte in der Mythologie aller Zeiten eine wichtige Rolle gespielt. Aber Goethe wollte sich niemals mit einem Wort begnügen, hinter dem nicht ein Ding steckte. Dafür ist sein Ausspruch charakteristisch: »Ich habe niemals von einem Verbrechen gehört, das ich nicht selbst hätte begehen können«. So packte er denn diesen Kobold an der Gurgel. Er soll wirklich sein, er soll modern sein, er soll Europäer sein, er soll sich wie ein Gentleman kleiden, gute Manieren annehmen und in den Straßen spazieren gehen und das Wiener und Heidelberger Leben von 1820 von Grund aus kennen, oder er soll überhaupt nicht existieren. Dementsprechend nahm ihm Goethe das mythologische Gewand, die Hörner, den Spaltfuß, den Harpunenschwanz, den Schwefelgeruch und die blauen Flammen, und statt seine Nase in Bücher und Gemälde zu stecken, blickte er in seinen eigenen Geist, und jeden Schatten von Kälte, Selbstsucht und Unglauben, der die menschliche Seele verdüstert, griff er auf, und er fand, daß das Gemälde durch jeden Zug, den er hinzufügte, und durch jeden Zug, den er ausließ, immer wirklichkeitstreuer und schrecklicher wurde. Er fand, daß das innerste Wesen dieses Gespenstes, das schattenhaft um die menschlichen Wohnstätten schleicht, seit es Menschen gibt, reiner Intellekt war, gestellt in den Dienst der Sinne – wozu der reine Intellekt ja immer die Tendenz hat – und so schleuderte er dann seinen Mephistopheles in die Literatur, seit langer Zeit die erste organische Figur, und eine Figur, die so lange dauern wird wie Prometheus.   G

175. Was Goethe in den Augen französischer Leser eine Besonderheit gibt, ist eine Eigenschaft, die er mit seiner ganzen Nation teilt: – daß er nämlich immer zu einer inneren Wahrheit in Beziehung steht. In England und in Amerika hat man große Achtung vor dem Talent, und wenn es sich in den Dienst eines akkreditierten oder deutlich sichtbaren Interesses oder in prinzipiellen Gegensatz zu einem solchen Interesse stellt, so ist das Publikum befriedigt. In Frankreich hat man ein noch größeres Vergnügen am bloßen Brillieren, und in allen diesen Ländern schreiben Männer von Talent lediglich aus ihrem Talent heraus. Es genügt, wenn die Aufmerksamkeit gefangen genommen, der Geschmack befriedigt wird: – man hat soundsoviele Spalten gelesen und soundsoviele Stunden auf eine angenehme und anständige Weise verbracht. Dem deutschen Geist fehlt die französische Lebhaftigkeit, der durchdringende praktische Verstand der Engländer und die amerikanische Abenteuerlichkeit, aber er hat dafür eine unerschütterliche Redlichkeit, die sich niemals an oberflächlichen Leistungen genug tut, sondern ununterbrochen fragt: »Wo soll das hinaus?« Ein deutscher Leser verlangt vom Schriftsteller vor allem Aufrichtigkeit. Hier sind Gedanken in Bewegung. Aber welches Ziel haben sie? Wo will der Mann eigentlich hinaus? Woher, woher all diese Gedanken?

Talent allein macht den Schriftsteller nicht. Es muß ein Mensch hinter dem Buche stehen, eine Persönlichkeit, die durch Geburt und Eigenschaften eine Bürgschaft für die Lehren bietet, die sie vorbringt, und deren Lebensinhalt darin besteht, die Dinge so zu sehen und nicht anders. Kann er sich heute noch nicht richtig ausdrücken, so bleiben die

Dinge eben in Schwebe und werden sich morgen offenbaren. Eine Last ist auf seinen Geist gelegt, die Last einer Wahrheit, die erleuchtet werden will, und es ist sein Geschäft und sein Beruf in der Welt, diesen Tatsachen ins Herz zu blicken und sie bekannt zu machen. Was hat es zu sagen, daß er stottert und stammelt, daß seine Stimme rauh oder heiser ist, daß seine Methode oder seine Gleichnisse nicht zutreffend sind? Seine Botschaft wird sich ihre eigene Methode, ihre eigene Bildersprache, ihre eigenen Worte und Melodien finden. Und wäre er stumm, er würde sprechen. Ist's aber nicht so, lebt nicht ein solches Gotteswort in ihm –, was kümmert's uns dann, wie gewandt, wie fließend, wie glänzend er schreibt?

Die Kraft eines Ausspruches hängt davon ab, ob ein Mann dahinter steht oder nicht. Im gelehrten Journal, in der einflußreichen Tageszeitung kann ich nichts Geformtes finden, nur allerlei unverantwortliche Schatten; öfter noch irgend eine Geldkorporation oder einen Laffen, der hofft, unter der Maske und dem Faltenwurf seines Zeitungsartikels für jemand zu gelten. Aber durch jeden Satz eines echten Buches blicke ich einer ganz scharfumrissenen Persönlichkeit ins Auge. Seine Kraft und sein Schrecken fließen in jedes Wort über. Seine Kommata und Gedankenstriche sind lebende Wesen, so daß das, was er geschrieben hat, zugleich athletisch und elastisch ist: – es kann weit laufen und lange leben.

In England und Amerika kann man sich dem Studium der griechischen und römischen Dichter widmen, ohne Geschmack und Feuer für Poesie zu besitzen. Aber daraus, daß ein Mensch sich soundsoviele Jahre mit Plato und Proklus beschäftigt hat, folgt noch lange nicht, daß er heroische Gedanken hegt oder die Moden seiner Stadt gering schätzt. Aber das deutsche Volk geht mit einer ganz lächerlichen Vertrauensseligkeit an diese Dinge heran. Der Student brütet auch außerhalb des Hörsaales noch immer über den Vorlesungen, und der Professor kann sich von der Vorstellung nicht losmachen, daß die Wahrheiten der Philosophie auch in Berlin und München ihre Anwendung finden müssen. Dieser Ernst befähigt sie, Männer zu durchschauen, die viel begabter sind als sie. Daher sind auch fast alle wertvollen Fachausdrücke, die in der höheren Konversation gang und gäbe sind, aus Deutschland zu uns gekommen. Aber während in England und Frankreich Leute von Geist und Gelehrsamkeit ihr Studium und ihre Berufsrichtung mit einer gewissen Leichtfertigkeit wählen und nicht vom Grunde ihres Charakters aus ihrer Aufgabe ergeben sind – wofür man auch dortzulande gar keinen Sinn hätte –, sprach Goethe, das Haupt und die Verkörperung des deutschen Volkes, niemals aus seinem Talent heraus, sondern unter dem Banne einer Wahrheit, die seine Worte durchleuchtete: er ist sehr weise, obgleich sein Talent oft seine Weisheit verhüllt. So vortrefflich auch seine Sätze sind, er hat immer noch einen besseren Sinn im Auge. Dies erweckt meine Neugierde. Er hat die außerordentliche Unabhängigkeit, die der Verkehr mit der Wahrheit uns verleiht. Höre ihm zu oder nicht, seine Tatsachen bleiben bestehen. Und dein Interesse an dem Schriftsteller ist nicht auf die Geschichte beschränkt, die er gerade erzählt, und er verschwindet nicht aus deiner Seele, wenn er seine Aufgabe anständig durchgeführt hat. Er ist nicht wie ein Bäcker, der seinen Laib Brot abgibt, sondern sein Werk ist der geringste Teil von ihm. Der alte ewige Geist, der die Welt gebaut hat, hat diesem Menschen mehr anvertraut als irgend einem andern.

Aber ich darf dennoch nicht sagen, daß Goethe die höchsten Höhen erklommen hat, von denen aus jemals der Genius gesprochen hat. Er hat die höchste Einheit nicht verehrt, er ist unfähig, im sittlichen Gefühl ganz unterzugehen. Edlere Klänge sind in der Poesie ertönt als die seinigen. Es gibt Schriftsteller, die ärmer an Talent sind, aber deren Saitenspiel reiner klingt und mehr ans Herz greift. Goethe kann der Menschheit niemals wirklich teuer werden. Selbst die Wahrheit ist ihm nicht Selbstzweck, sondern nur ein Mittel zur Kultur. Er hatte sich keine höheren Ziele gesteckt als die Eroberung der gesamten Natur, der Naturwahrheit, um sie als einen organischen Bestandteil in sich aufzunehmen: als ein Mensch, der nicht zu bestechen, nicht zu täuschen, nicht zu überrumpeln war, ein Mensch von einer stoischen Selbstzucht und Selbstverleugnung, der nur *einen* Prüfstein für alle Menschen hatte: *»Was kannst du mich lehren?«* Alle Besitztümer werden von ihm nach diesem einen Gesichtspunkt gewertet: Rang, Vorrechte, Gesundheit, Zeit, das ganze Dasein.

Er ist der Typus des Kulturmenschen, der Amateur aller Künste und Wissenschaften und Ereignisse. Ein Artist, aber kein Künstler. Geistig, aber nicht durchgeistigt. Es gibt nichts, das zu wissen er nicht ein Recht hätte. Es gibt keine Waffe im Rüstsaal des Weltgeistes, die er nicht in seine Hand genommen hätte, immer unerschütterlich darauf bedacht, sich nicht einen Augenblick lang durch seine Werkzeuge beeinflussen zu lassen. Er wirft einen Lichtstrahl auf jede Tatsache und sogar zwischen sich und seine teuersten Besitztümer. Ihm war nichts verborgen, nichts vorenthalten, die lauernden Dämonen saßen ihm als Modell, und die Heiligen, die die Dämonen sahen; und die metaphysischen Elemente nahmen faßbare Formen an.

Sein durchdringendes Verständnis für jedes Geheimnis der schönen Künste macht Goethe noch statuenhafter. Dieser Gesetzgeber der Kunst war kein Künstler. Wußte er zuviel und war sein Blick zu mikroskopisch, sodaß er die richtige Perspektive, den Überblick über das Ganze verlor? Er ist fragmentarisch; ein Schreiber von Gelegenheitsgedichten und Aphorismen.

Wir sehen selten jemand, dem das Leben nicht Unbehagen oder Angst bereitet. Gute und hochstrebende Menschen haben fast immer einen Anflug von Schamröte auf ihren Wangen und sind fast immer ein bißchen Karikatur. Aber dieser Mann war in seinem Jahrhundert und in der Welt vollständig glücklich und zu Hause. Niemand war so dafür geschaffen zu leben, niemand machte mit herzlicherem Vergnügen das Spiel mit. In seiner Liebe zur Kultur, die der belebende Geist seiner Werke ist, liegt seine Kraft. Der Gedanke der absoluten ewigen Wahrheit ohne Rücksicht auf die Erweiterung des eigenen Gesichtskreises steht höher. Die völlige Hingabe an den Strom der poetischen Begeisterung steht höher. Aber verglichen mit den Motiven, aus denen die Bücher in England und Amerika hervorgehen, ist das, was Goethe zum Schreiben trieb, dennoch echte Wahrheit und die Kraft, überall Wahrheitsliebende an sich zu ziehen. So hat er denn dem Buche etwas von seiner alten Macht und Würde wiedergegeben. G

Ausgleichung

176. Die ökonomische Mutter Natur setzt genau soviel
Erde und Feuer, genau soviel Maß und Gewicht aus,
als nötig ist, um einen Menschen herzustellen, und sie gibt
für keinen um einen Penny mehr heraus als für einen anderen. Daher mußten sich die gotterfüllten Menschen ihr
Wissen durch Wahnsinn oder Schmerz erkaufen. Wenn du
reinen Kohlenstoff, Karfunkel oder Diamant für das Gehirn haben willst, um es leuchtend zu machen, so werden
Rumpf und Organe aus umso schlechterem Material sein
müssen: statt aus Porzellan aus Töpfererde, Lehm oder
Schlamm. sw

177. Der Mensch muß seinen Mängeln dankbar sein und
gegen seine Talente ein gewisses Mißtrauen haben. Ein
überschwengliches Talent zieht so heftig an seinen Kräften,
daß es ihn lähmt, und ein Mangel zahlt ihm auf irgend einer
anderen Seite Revenuen. Das Schicksal ist Goldmine und
Steinbruch. Das Übel ist das im Entstehen begriffene Gute.
Beschränkung ist gebundenes Können; Unglücksfälle,
Widrigkeiten und Schwergewichte sind die besten Schwingen unserer Kraft. Dies alles versöhnt uns mit dem
Schicksal. FT

178. Leidenschaft ist ein schlechter Regulator, aber eine
starke Springfeder. Eine verzehrende Leidenschaft hat die

wohltätige Wirkung, daß sie uns von den kleinen Winkel-
sorgen des Alltags befreit: sie ist die Hitze, die unsere
menschlichen Atome zum Kreisen bringt, sie überwindet
die Reibung, die entsteht, wenn wir eine neue Schwelle
überschreiten oder in eine neue Gesellschaft eingeführt
werden, und sie gibt uns einen großen Anlauf und einen
Schwung, den wir leicht beibehalten können, wenn wir ihn
einmal haben. Kurzum, es gibt keinen Menschen, der nicht
seinen Lastern zu Dank verpflichtet wäre, wie es keine
Pflanze gibt, die sich nicht von Dünger nährte. Wir wollen
nur eines: daß der Mensch sich veredle, und daß die Pflanze
wachse und den Mist in schöne Blüten verwandle.   cw

179. Die Gesellschaft macht niemals Fortschritte. Sie verliert immer auf der einen Seite ebensoviel, wie sie auf der andern Seite gewinnt. Sie ist fortwährenden Veränderungen
unterworfen; sie ist barbarisch, sie ist zivilisiert, sie ist chri-
stianisiert, sie ist reich, sie ist wissenschaftlich. Aber diese
Veränderung ist niemals eine Verbesserung. Für jedes
Ding, das gegeben wird, wird ein anderes Ding genommen.
Die Gesellschaft erwirbt neue Künste und verliert alte Instinkte. Welch ein Unterschied zwischen dem gutgekleide-
ten, lesenden, schreibkundigen, denkenden Amerikaner,
mit seiner Taschenuhr, seiner Stahlfeder und seinem Bank-
check im Sack, und dem nackten Neuseeländer, dessen Besitz in einer Keule, einem Speer und einer Matte besteht und
dessen Schlafraum der zwanzigste Teil eines Schuppens ist!
Aber vergleiche die Gesundheit dieser beiden Menschen,
und du wirst sehen, daß der weiße Mann seine ursprüng-
liche Lebenskraft verloren hat.

Der zivilisierte Mensch hat sich einen Wagen gebaut, aber er hat den Gebrauch seiner Füße verlernt. Er hat Krükken zu seiner Unterstützung, aber er verliert dadurch ebensoviel an Muskelunterstützung. Er hat eine feine Genfer-Uhr, aber er hat nicht mehr die Fähigkeit, die Zeit nach der Sonne zu bestimmen. Er hat einen nautischen Kalender, der ihn jederzeit zu informieren vermag, und das Resultat ist, daß der Mann auf der Straße nicht einen einzigen Stern am Himmel kennt. Den Stand der Sonne kann er nicht beobachten, die Tag- und Nachtgleichen kennt er ebensowenig, und der ganze leuchtende Kalender des Jahres hat kein Zifferblatt in seiner Seele. Seine Notizbücher schwächen sein Gedächtnis, seine Büchereien überladen seinen Kopf, die Versicherungsgesellschaften vermehren die Zahl der Unglücksfälle, und es ist die Frage, ob das Maschinenwesen für uns keine Hemmung bedeutet, ob wir nicht durch zunehmende Verfeinerung Kräfte eingebüßt und durch das Christentum, das in Institutionen und Formeln eingezäunt ist, etwas von unserer wilden Lebensenergie verloren haben. Denn jeder Stoiker war ein Stoiker; aber wer in der heutigen Christenheit ist ein Christ?

Hudson und Behring vollbrachten in ihren Fischerbooten Leistungen, die Parry und Franklin, denen alle Quellen der Wissenschaft und Technik zur Verfügung standen, in Erstaunen setzten. Galilei entdeckte mit einem Opernglas eine glänzendere Reihe von Himmelsbildern als irgend ein anderer. Kolumbus entdeckte die neue Welt in einem ungedeckten Schiff. Es ist interessant zu verfolgen, wie dieselben technischen Werkzeuge und Maschinen, die ein paar Jahre oder Jahrhunderte vorher unter lautem Lob ihren Einzug feierten, nach bestimmten Perioden außer Gebrauch kommen. Der große Genius geht immer wieder auf den inneren Wesenskern des Menschen zurück. SR

180. Schon als ich ein Schuljunge war, habe ich mir immer gewünscht, einen Aufsatz über Ausgleichung schreiben zu dürfen, denn obgleich ich noch sehr jung war, so war ich doch schon damals der Ansicht, daß in diesem Punkte das Leben der Theologie über sei und das Volk mehr wisse, als der Pastor es lehren könne. Auch entzückte das Beweismaterial, aus dem man diese Theorie ziehen kann, meine Phantasie durch seine ungeheure Mannigfaltigkeit, und es stand immer vor meinen Augen, sogar im Schlaf. Denn es ist das Werkzeug in unseren Händen, das Brot in unserem Korb, unser Straßengeschäft, unsere Farm und unser Wohnhaus. Es ist in unseren Grüßen, in unseren Beziehungen, in Schuld und Kredit und im Einfluß des Charakters; es ist die Natur und Aussteuer aller Menschen. Außerdem schien es mir, daß eine Darlegung dieser Theorie, die einigermaßen jene hellen Eingebungen auszudrücken vermöchte, sehr wertvoll sein müßte, denn sie wäre ein Stern, der viele unserer dunklen Stunden erleuchten und uns auf den gewundenen Pfaden unserer Reise führen könnte, so daß wir dann niemals unseren Weg verlieren würden. Eine Kirchenpredigt, die ich letzthin hörte, bestärkte mich in diesem Wunsche. Der Prediger, ein Mann, der wegen seiner Rechtgläubigkeit in hohem Ansehen steht, entwickelte in der landläufigen Manier die Lehre vom Jüngsten Gericht. Er ging von der Annahme aus, daß im Diesseits kein Gericht geübt werde, daß die Schurken die Erfolgreichen seien, daß es den

Guten schlecht gehe, und dann zog er aus der Vernunft und aus der Schrift den Schluß, daß es für beide Teile in einem anderen Leben eine Vergeltung geben müsse. Niemand in der Versammlung schien sich durch diese Lehre verletzt zu fühlen. Soviel ich sehen konnte, gingen alle nach Schluß des Gottesdienstes auseinander, ohne über die Predigt eine besondere Bemerkung zu machen.

Aber was war die Bedeutung dieser Lehre? Was meinte der Prediger, als er sagte, daß es den Guten in diesem Leben schlecht gehe? War der Sinn der, daß Häuser und Ländereien, Ämter, Wein, Pferde, schöne Kleider und aller Luxus im Besitz der Menschen sind, die keine sittlichen Grundsätze haben, während die Heiligen in Armut und Verachtung leben, und daß diesen letzteren einmal eine Vergütung geleistet werden wird, indem sie eines Tages dieselben Vergünstigungen genießen werden: – Bankaktien und Goldstücke, Wildbret und Champagner? Darin müßte doch wohl jene Ausgleichung bestehen, denn in was sonst? Etwa darin, daß es ihnen freistehen wird, zu beten und Gott zu preisen, zu lieben und der Menschheit zu dienen? Nun, das können sie ja auch schon jetzt tun. Die logische Folgerung, die ein Jünger solcher Lehre ziehen müßte, wäre etwa die: »Wir werden einmal ebensogute Tage haben, wie die Sünder sie jetzt haben«, oder, um die Sache in ihrer schroffsten Bedeutung auszudrücken: »Ihr sündigt jetzt, wir werden später sündigen; wir würden jetzt sündigen, wenn wir könnten; da wir aber nicht die Macht dazu haben, so hoffen wir uns morgen dafür revanchieren zu können.«

Der Trugschluß liegt in der ungeheuerlichen Annahme, daß die Schlechten die Erfolgreichen sind, daß Gerechtigkeit nicht sogleich geübt wird. Die Blindheit des Predigers bestand darin, daß er bei der Wertung des Erfolges auf den niedrigen Krämerstandpunkt herabstieg, statt der Welt die überzeugende Wahrheit vor Augen zu halten, die Allgegenwart der Weltseele und die Allmacht des Weltwillens zu verkünden und so das rechte Richtmaß für Gut und Böse, für Erfolg und Mißerfolg zu schaffen.

Auf eine ähnliche niedrige Tonart finde ich auch unsere landläufigen religiösen Handlungen gestimmt, und dieselben Anschauungen werden durch unsere Schriftsteller vertreten, wenn sie gelegentlich auf dieses Gebiet zu sprechen kommen. Ich finde, daß unsere populäre Theologie den abergläubischen Vorstellungen, die sie verdrängt hat, nur an äußerer Würde und nicht an Tiefe der Prinzipien überlegen ist. Denn die Menschen sind mehr wert als ihre Theologie. Das tägliche Leben zeigt, daß die Theologie lügt. Jede durchgeistigte und hochstrebende Seele läßt in ihrer eigenen Lebenserfahrung diese Lehren weit hinter sich, und jeder Mensch fühlt bisweilen, daß sie falsch sind, wenn er es auch nicht beweisen kann. Denn die Menschen sind weiser, als sie wissen. Das was sie von den Kathedern und Kanzeln herab ohne Hintergedanken aufnehmen, würden sie wahrscheinlich im stillen anzweifeln, wenn es in einem gewöhnlichen Gespräch geäußert würde. Wenn jemand in einer gemischten Gesellschaft über Vorsehung und göttliche Gesetze dogmatisiert, so antwortet man ihm mit einem Schweigen, das einem Beobachter deutlich genug anzeigt, daß die Hörer nicht befriedigt sind, obwohl sie nicht imstande sind, eine Gegentheorie aufzustellen.

Ich werde versuchen, an einige Tatsachen zu erinnern, an

denen wir den Gang des Gesetzes der Ausgleichung verfolgen können, und ich werde über alle Erwartung glücklich sein, wenn es mir gelingen sollte, nur den kleinsten Bogen dieses Kreises richtig nachzuzeichnen.

Polarität oder Wirkung und Gegenwirkung treffen wir überall in der Natur. In Dunkel und Licht, in Hitze und Kälte, in Ebbe und Flut, in Männlichem und Weiblichem, in der Einatmung und Ausatmung der Pflanzen und Tiere, in dem Ausgleich zwischen Quantität und Qualität, der in den Flüssigkeiten des tierischen Körpers stattfindet, in der Systole und Diastole des Herzens, in der Wellenbewegung der Flüssigkeiten und des Schalles, in der zentrifugalen und zentripetalen Kraft, in der Elektrizität, im Magnetismus und in der chemischen Wahlverwandtschaft. Mache das Ende einer Nadel magnetisch, und das andere Ende wird den entgegengesetzten Magnetismus haben. Wenn der Südpol anzieht, stößt der Nordpol ab. Um hier zu entleeren, mußt du dort verdichten. Ein unvermeidlicher Dualismus schneidet die Natur in zwei Hälften, so daß jedes Ding eine Hälfte ist und auf ein anderes Ding hinweist, mit dem zusammen es ein Ganzes bildet. Zum Beispiel: Geist und Materie, Mann und Weib, gerade und ungerade, Subjekt und Objekt, innen und außen, oben und unten, Bewegung und Ruhe, Ja und Nein.

Die ganze Welt stellt eine solche Zweiheit dar, und ebenso jeder einzelne ihrer Teile. Das ganze Weltsystem ist in jedem seiner Teilchen ausgedrückt. In jeder einzelnen Fichtennadel, in jedem Getreidekörnchen, in jedem Exemplar jeder Tiergattung ist etwas, was an Ebbe und Flut, Tag und Nacht, Mann und Weib erinnert. Das Gesetz des

Rückschlages, so gewaltig in der Wirksamkeit der Elemente, ist hier im kleinen Rahmen wiederholt. So haben zum Beispiel die Naturforscher beobachtet, daß im Tierreich kein Geschöpf begünstigt ist, sondern daß jeder Vorzug und jeder Mangel ausgeglichen wird. Ein Überschuß auf der einen Seite wird durch ein Minus auf der anderen Seite bezahlt. Wenn Kopf und Hals stärker entwickelt sind, sind Rumpf und Extremitäten kurz geschnitten.

Die Theorie der mechanischen Kraft ist ein weiteres Beispiel. Was wir an Kraft gewinnen, verlieren wir an Zeit und umgekehrt. Die periodischen und ausgleichenden Abweichungen der Planeten sind ein drittes Beispiel. Der Einfluß des Klimas und Bodens auf die politische Geschichte ein viertes. Kaltes Klima belebt die Kräfte. Der trockene Boden erzeugt kein Fieber, keine Krokodile, keine Tiger und Skorpione.

Demselben Dualismus unterliegen Naturanlage und Lebensbedingungen der Menschen. Jedes Übermaß erzeugt einen Mangel, jeder Mangel einen Überschuß. Jede Süßigkeit hat ihr Bitteres, jedes Übel hat sein Gutes. Jede Fähigkeit, die eine Quelle des Genusses ist, setzt ein besonders großes Strafgeld auf ihren Mißbrauch. Sie steht für ihre maßvolle Verwertung mit ihrem Leben ein. Auf jedes Körnchen Witz kommt ein Körnchen Narrheit. Für jede Sache, die du einbüßt, gewinnst du irgend eine andere, und für jede Sache, die du gewinnst, verlierst du eine andere. Wenn die Reichtümer sich vermehren, vermehrt sich auch die Zahl derer, die sie aufbrauchen; wenn der Sammler zu viel sammelt, nimmt die Natur ihm als Menschen genau so viel weg, wie sie ihm als Sammler gibt: die Kasten füllen sich, aber ihr Besitzer stirbt ab. Die Natur haßt Monopole und Ausnahmen. Die Wogen der See sind nicht hastiger bestrebt, von ihren Höhen wieder auf das Meeresniveau herabzustürzen, als die vielfältigen Lebensbedingungen bemüht sind, sich gegeneinander auszugleichen. Immer ist irgendwo ein nivellierender Umstand, der den Hochfahrenden, den Starken, den Reichen, den Glücklichen auf denselben Boden mit allen übrigen stellt. Ist ein Mensch für die Gesellschaft zu wild und unbändig und durch Temperament und Lebenslage ein schlechter Bürger – ein unverträglicher Raufbold, mit einem Stich ins Piratenhafte – so sendet ihm die Natur eine Schar hübscher Söhne und Töchter, die in der Töchterschule und in den Dorfklassen gut vorwärts kommen, und die Liebe zu ihnen, die Angst um ihr Wohl glättet seine rauhen Mienen und macht ihn umgänglich.

Der Bauer bildet sich ein, daß Macht und Stellung besonders schöne Dinge seien. Aber der Präsident hat für sein White House teuer zahlen müssen. Es hat ihn gewöhnlich allen seinen Frieden und den besten Teil seiner Männlichkeit gekostet. Um für eine kurze Zeit eine Stellung behaupten zu können, auf die die ganze Welt blickt, muß er vor den wahren Meistern der Erde, die aufrecht hinter seinem Throne stehen, im Staube liegen. Oder sollten sich die Menschen die greifbarere und dauerhaftere Größe des Genies wünschen? Auch dieses hat keine Sonderrechte. Wer durch die Kraft des Willens oder Gedankens groß ist und Tausende überschaut, hat auch die Lasten dieser hervorragenden Stellung. Mit jedem neuen Lichtstrahl kommt eine neue Gefahr. Hat er ein Licht? Dann muß er von diesem Licht

Zeugenschaft ablegen und die Anerkennung der Menge, die ihm eine so hohe Befriedigung bereitet, immer wieder überholen durch die Treue, die er den neuen Enthüllungen der unaufhörlich tätigen Seele schuldet. Er muß Vater und Mutter, Weib und Kinder hassen lernen. Hat er alles, was die Welt liebt, bewundert und begehrt? – dann muß er die Bewunderung aller Menschen hinter sich werfen und alle durch die Treue, die er seiner Wahrheit hält, kränken und ein Spott und ein Schimpfwort werden.

Dieses Gesetz schreibt das Gesetz der Städte und Völker. Es ist vergeblich, dagegen Komplotte oder Berechnungen anzustellen. Die Dinge lassen sich auf die Dauer nicht mißbrauchen. Res nolunt diu male administrari. Wenn einem neuen Übel auch keine Hindernisse entgegentreten, so sind die Hindernisse doch da und werden sich zeigen. Wenn die Regierung grausam ist, ist das Leben des Herrschers nicht sicher. Wenn du zu hoch verzollst, wird der Zoll nichts abwerfen. Wenn du das Strafgericht zu blutig machst, wird die Jury nicht verurteilen. Wenn das Gericht zu milde ist, wird die Privatrache sich ausbreiten. Wenn die Regierung ein demokratischer Terrorismus ist, so wird der Druck in der großen Energie der Bürger ein Gegengewicht finden, und das öffentliche Leben wird in einer wilderen Flamme leuchten. Das wahre Leben und die innere Befriedigung des Menschen scheint der äußersten Strenge oder Gunst des Glückes zu spotten und sich mit dem größten Gleichmut allen äußeren Wechselfällen zum Trotz durchzusetzen. Unter allen Regierungen bleibt die Macht des Charakters dieselbe – in der Türkei und in Neu-England ungefähr die gleiche. Unter den Despoten im uralten Ägypten muß – wie aus der Geschichte klar hervorgeht – der Mensch so frei gewesen sein, wie die Kultur ihn nur immer machen kann.

Diese Erscheinungen weisen darauf hin, daß das Weltall in jedem kleinsten Teilchen zur Darstellung kommt. Jedes Ding in der Natur enthält alle Kräfte der Natur, jedes Ding ist aus demselben geheimen Stoff gemacht, wie denn auch der Naturforscher in allen Wandlungen immer denselben großen Typus erkennt und im Pferd einen laufenden Menschen, im Fisch einen schwimmenden Menschen, im Vogel einen fliegenden Menschen, im Baum einen Wurzelmenschen erblickt. Jede neue Form wiederholt nicht nur den Grundcharakter des Typus, sondern Stück für Stück alle Einzelheiten, alle Ziele, Förderungen, Hemmungen, Kräfte des ganzen Systems. Jede Beschäftigung, Handel, Kunst, Politik ist ein Kompendium der Welt und ein Gegenstück zu jeder anderen Tätigkeit. Jede einzelne Handlung ist ein vollständiges Sinnbild des menschlichen Lebens, seines Guten und Bösen, seiner Versuchungen, seiner Feinde, seines Verlaufes und seines Endes, und jede einzelne Handlung muß irgendwie zu dem ganzen Menschen passen und uns etwas von seiner Bestimmung erzählen.

Die Weltkugel spiegelt sich in jedem Tautropfen. Das Mikroskop kann kein Tierchen finden, das weniger vollkommen ist, weil es so klein ist; Augen, Ohren, Geschmack, Geruch, Bewegung, Widerstandskraft, Freßlust und die Organe der Zeugung, mit denen es sich verewigt – alles dies hat in dem kleinen Geschöpf Platz. So legen auch wir unser ganzes Leben in jede einzelne Handlung. Die wahre Lehre von der Allgegenwart Gottes besteht in der Erkenntnis, daß uns Gott mit allen seinen Eigenschaften in jedem Moosgeflecht, in jedem Spinnengewebe von neuem entgegentritt. Der Gesamtwert des Universums ist in jedes einzelne Weltteilchen gelegt. Wenn das Gute dort ist, so ist auch das Übel dort; wenn Wahlverwandtschaft, auch Abstoßung; wenn Kraft, auch Beschränkung.

So ist das lebendige Universum. Alle Dinge sind sittlich. Die Seele, die in unserem Innern sich als Gefühl kundgibt, offenbart sich draußen im Weltall als Gesetz. Wir fühlen ihre Eingebungen, und in der Geschichte können wir ihre unerbittliche Macht beobachten. »Sie erfüllt die Welt, und die Welt wurde durch sie geschaffen.« Die Gerechtigkeit wird niemals aufgeschoben; alle Teile des Lebens halten einander in vollkommenem Gleichgewicht die Waage. Οἱ κύβοι Διὸς ἀεί εὐπίπιουσι. Die Würfel Gottes fallen immer auf die richtige Seite. Die Welt ist wie ein Einmaleins oder eine mathematische Gleichung, die sich immer gleich bleibt, du kannst sie drehen, wie du willst. Nimm welche Zahl du willst, ihr genauer Wert, nicht mehr, nicht weniger, kehrt immer wieder zu dir zurück. Jedes Geheimnis verrät sich, jedes Verbrechen bestraft sich, jede Tugend belohnt sich, jedes Unrecht löscht sich selbst aus in ehernem Schweigen. Die Sühne mag der Übertretung spät folgen, aber sie folgt ihr, weil sie sie begleitet. Verbrechen und Strafe wachsen auf demselben Stamm.

Während so die Welt ein Ganzes sein will und sich jeder Teilung widersetzt, sind wir bestrebt, getrennt zu handeln, zu sondern, Eigenrechte zu erwerben. Zum Beispiel: um die Sinne zu befriedigen, trennen wir das sinnliche Vergnügen von den Bedürfnissen des Charakters. Der menschliche Scharfsinn hat sich immer der Lösung jenes einen Problems gewidmet, wie man die sinnliche Süße, die sinnliche Stärke, den sinnlichen Glanz von der sittlichen Süße, der sittlichen Tiefe und der sittlichen Schönheit getrennt genießen könne; das heißt mit anderen Worten: man war bemüht, jene ganz dünne Oberschicht so reinlich abzulösen, daß sie jede Unterlage verlieren mußte. Man wollte das eine Ende in die Hand bekommen, und das andere Ende nicht. Die Seele sagt: »Iß«; der Körper möchte gern schmausen. Die Seele sagt: »Mann und Weib sollen *ein* Fleisch und *eine* Seele sein«; der Körper möchte nur das Fleisch vermählen. Die Seele sagt: »Suche die Dinge zu beherrschen und der Tugend zum Sieg zu verhelfen«; der Körper aber will die Herrschaft über die Dinge um ihrer selbst willen.

Die Seele ringt mit aller Macht danach, alle Dinge mit ihrem Leben zu durchdringen. Sie will die einzige wirkliche Tatsache sein. Alle Dinge sollen in ihr aufgehen: Macht, Vergnügen, Wissen, Schönheit. Der einzelne Mensch strebt danach, jemand zu sein; in eigener Regie zu arbeiten; für seinen Privatbesitz zu feilschen und zu schachern; sich in jeder einzelnen Beschäftigung auf sich zu beziehen: zu reiten, damit *er* reite, sich zu kleiden, damit *er* gekleidet sei, zu essen, damit *er* esse, und zu herrschen, damit *er* gesehen werde. Die Menschen wollen große Herren sein, sie möchten Ämter haben, Reichtum, Macht und Ruhm. Sie glauben, groß sein heißt die eine Seite der Natur besitzen, die süße, ohne die andere, die bittere.

Aber diesen Teil- und Sonderbestrebungen wird von der Natur ununterbrochen entgegengearbeitet. Man muß zugeben, daß bis zum heutigen Tag noch kein Projektenmacher den geringsten dauernden Erfolg gehabt hat. Wir teilen das Wasser, aber es vereinigt sich wieder hinter unserer Hand. Angenehme Dinge verlieren ihr Angenehmes, nützliche Dinge ihren Nutzen, starke Dinge ihre Stärke, sobald wir sie vom Ganzen abzutrennen versuchen. Wir können ebensowenig die Dinge halbieren und das sinnliche Gute ablösen, wie wir ein Inneres ohne ein Äußeres, ein Licht ohne Schatten haben können. »Treibe die Natur mit der Mistgabel hinaus, sie kommt doch immer wieder zurück.«

Das Leben vollzieht sich unter unerläßlichen Bedingungen, um die der Unkluge sich zu drücken sucht und von denen der eine oder der andere prahlerisch behauptet, er kenne sie nicht und sie seien für ihn nicht auf der Welt. Aber die Prahlerei ist auf seinen Lippen, und die Bedingungen sind in seiner Seele. Wenn er ihnen auf der einen Seite entgeht, so fassen sie ihn bei einer anderen Seite, wo es ihm noch mehr an den Lebensnerv geht. Wenn er ihnen formell und scheinbar entronnen ist, so ist ihm das nur dadurch gelungen, daß er sein inneres Leben zurückdrängte und vor sich selbst floh, und findet seine Vergeltung darin, daß soundsoviel in ihm abstirbt.

Die menschliche Seele hält diesen Tatsachen die Treue und gibt ihnen in der Fabel, in der Geschichte, im Gesetz, in Sprichwörtern und im Gespräch Ausdruck. Es dürfte unmöglich sein, eine Fabel zu erfinden, die allgemeinen Anklang fände und keine sittliche Grundidee hätte. Aurora vergaß, um Jugend für ihren Geliebten zu bitten, und so ist Tithonos zwar unsterblich, aber er ist alt. Achilles ist nicht ganz unverwundbar; die heiligen Wasser umspülten nicht die Ferse, an der Thetis ihn hielt. Siegfried in den Nibelungen ist nicht ganz unsterblich, denn ein Blatt fiel auf seinen

Rücken, als er sich im Drachenblut badete, und jene Stelle, die das Blatt deckte, ist sterblich. Und so muß es auch sein. Durch alles, was Gott geschaffen hat, geht ein Sprung. Irgend ein rächender, ausgleichender Umstand stiehlt sich unversehens selbst in jene freien Poesien, in denen die menschliche Phantasie es versuchte, sich einen kühnen Feiertag zu machen und die alten Gesetze von sich abzuschütteln. Alles bezeugt immer wieder, daß Gesetzmäßigkeit unser Schicksal ist; daß in der Natur nichts verschenkt wird; daß alles gekauft werden muß.

Das ist jene alte Lehre von der Nemesis, die im Weltall Wache hält und keine Übertretung ungesühnt läßt. Die Furien, sagten die Alten, sind die Hüter der Gerechtigkeit, und wenn die Sonne am Himmel ihre Bahn verließe, so würden sie sie bestrafen. Die Dichter berichten, daß steinerne Mauern und eiserne Schwerter und lederne Wehrgehänge zu den Untaten ihrer Besitzer in einer geheimen Beziehung stehen, daß der Gürtel, den Ajax dem Hektor geschenkt hatte, derselbe war, mit dem Achilles die Leiche des Hektor ins Lager schleifte, und daß das Schwert, das Hektor dem Ajax geschenkt hatte, dasselbe war, mit dem Ajax sich den Tod gab. Als die Thasier dem Theagenes, einem Sieger in den Kampfspielen, eine Bildsäule errichteten, ging einer der Kampfgenossen des Theagenes bei Nacht hin und suchte sie umzustürzen und warf sie auch schließlich von ihrem Sockel. Aber bei ihrem Fall zerschmetterte sie den Täter.

Das Unheildrohende des wolkenlosen Mittagshimmels, der Smaragd des Polykrates, die Furcht vor dem Glück, der Instinkt, der vornehme Seelen dazu treibt, sich freiwillige

Aufgaben einer edlen Askese und ausgleichenden Enthaltsamkeit aufzuerlegen, dies alles ist nur die Stimme der Gerechtigkeit, die das Herz und den Geist des Menschen durchzittert.

Weltkundige Menschen wissen sehr gut, daß es am besten ist, alles auf Heller und Pfennig zu bezahlen, und daß wir die kleinste Knickerei oft teuer büßen müssen. Der Borger rennt in seine eigenen Schulden. Hat ein Mensch irgend etwas gewonnen, wenn er hundert Wohltaten empfangen und nicht eine einzige erwiesen hat? Hat er irgend einen Gewinn davon, wenn er sich aus Faulheit oder Überschlauheit Waren oder Pferde oder Geld von seinen Nachbarn borgt? Sogleich wird auf der einen Seite das Gefühl des Wohltuns und auf der andern Seite das Gefühl der Verpflichtung entstehen, das heißt: das Bewußtsein der Überlegenheit und der Unterlegenheit. Die Handlungsweise eines solchen Menschen läßt sowohl in seiner eigenen Erinnerung wie in der seines Nachbars ihr Denkmal zurück, und jede ähnliche neue Handlung verändert ihrer Natur entsprechend die Beziehungen des Täters zu den übrigen Menschen, und er wird bald zu der Erkenntnis kommen, daß es besser gewesen wäre, er hätte sich seine eigenen Knochen zerbrochen, statt in seines Nachbars Wagen zu fahren, und daß »der höchste Preis, den man für eine Sache zahlen kann, der ist, daß man darum bitten muß«.

Ein weiser Mensch wird diese Lehre auf alle Einzelheiten des Lebens ausdehnen und erkennen, daß es Sache der Klugheit ist, jedem Anspruch furchtlos ins Auge zu blicken und jede gerechte Forderung zu erfüllen, die an unsere Zeit, unsere Talente und unser Herz gestellt werden kann. Bezahle immer; früher oder später mußt du doch die ganze Rechnung begleichen. Personen und Ereignisse mögen sich eine Zeitlang zwischen dich und die Gerechtigkeit drängen, aber das ist nur ein Aufschub. Du mußt schließlich doch alle deine Schulden bezahlen. Wenn du weise bist, so wirst du vor einer Begünstigung zurückschrecken, die dich nur noch mehr belastet. Wohltun ist die Endabsicht der Natur. Aber für jede Wohltat, die du empfängst, wird eine Taxe eingehoben. Der ist ein großer Mensch, der die meisten Wohltaten erweist. Der ist ein niedriges Geschöpf – und das ist die einzige Niedrigkeit, die es in der Welt gibt –, der Wohltaten empfängt und keine erweist. Die Natur ist so eingerichtet, daß wir die Wohltaten jenen, von denen wir sie empfangen, nicht zurückgeben können, oder doch nur selten. Aber die Wohltaten, die wir empfangen haben, müssen wieder weitergegeben werden, Stück für Stück, Tat für Tat, Cent für Cent, an irgend jemand anderen. Hüte dich davor, all zu viel Gut in deiner Hand zu sammeln. Es wird schnell schimmeln, und die Würmer werden es fressen. Zahle es so schnell du kannst auf irgend eine Weise wieder weg.

Die Arbeit wird von denselben unerbittlichen Gesetzen überwacht. Am billigsten, sagt der Kluge, ist die teuerste Arbeit. Was wir an einem Hut, einer Fußdecke, einem Wagen, einem Federmesser kaufen, ist die Verwendung gesunden Menschenverstandes auf ein allgemeines Bedürfnis. Wenn du ein Landgut hast, so ist es das beste, du zahlst dir einen geschickten Gärtner und kaufst dir damit gesunden Menschenverstand, angewendet auf Gartenkunst; wenn du einen Matrosen brauchst, nimm dir gesunden Menschenverstand, angewendet auf Schiffahrt. In dein Haus nimm dir gesunden Menschenverstand, angewendet auf Kochen, Nähen und Bedienen. In dein Kontor nimm dir gesunden Menschenverstand, angewendet auf Buchführung und Geschäfte. So kannst du deine Gegenwart vervielfältigen und dich über dein ganzes Besitztum ausdehnen. Die dualistische Anlage der Dinge bedingt es, daß es bei der Arbeit wie im Leben keinen Schwindel geben kann. Der Dieb bestiehlt sich selbst. Der Schwindler beschwindelt sich selbst. Denn der wahre Lohn für Arbeit ist Wissen und Tugend, deren Merkmale Reichtum und Ansehen sind. Diese äußeren Zeichen können wie Papiergeld nachgemacht oder gestohlen werden, aber das, was sie darstellen, nämlich Wissen und Tugend, kann nicht nachgemacht oder gestohlen werden. Diese Ziele der Arbeit können nur durch wirkliche geistige Anstrengung erreicht werden und durch Hingebung an reine Zwecke. Der Betrüger, der Hochstapler, der Spieler, kann sich nicht jene Beherrschung der materiellen und sittlichen Kräfte erzwingen, die nur aus ehrlicher Mühe und Arbeit erwächst. Das Gesetz der Natur lautet: Tu eine Sache und du wirst die Macht über sie erlangen; wer aber eine Sache nicht tut, der hat auch nicht die Macht über sie.

Das Band zwischen Tugend und Natur veranlaßt alle Dinge, dem Laster ein feindliches Antlitz zu zeigen. Die wunderbaren Gesetze und Stoffe der Welt verfolgen den Verräter mit ihren Peitschenhieben. Er erkennt, daß die Dinge auf Wahrheit und Güte gestimmt sind und daß es in der ganzen weiten Welt keine Höhle gibt, in der sich ein Schurke verbergen könnte. Begehe ein Verbrechen, und die Erde ist wie aus Glas. Begehe ein Verbrechen, und eine Schneedecke scheint die Erde zu überziehen, die die Fußspur jedes Rebhuhns, jedes Fuchses, jedes Eichhörnchens, jedes Maulwurfs im Walde abzeichnet. Du kannst das gesprochene Wort nicht zurück rufen, du kannst die Fußspur nicht verwischen, du kannst die Leiter nicht hinter dir emporziehen, du kannst den Ariadnefaden nicht abschneiden. Irgend ein Umstand macht sich offenbar und verdammt dich. Die Gesetze und Stoffe der Natur – Wasser, Schnee, Wind, Schwerkraft – werden sühnende Verfolger des Diebes.

Auf der anderen Seite tritt das Gesetz mit derselben Sicherheit für jede gerechte Handlung ein. Liebe, und du wirst geliebt werden. Liebe und Gegenliebe sind mathematisch genau gleich, wie die zwei Seiten einer algebraischen Gleichung. Der gute Mensch besitzt ein absolutes Gut, denn er verwandelt gleich dem Feuer jede Sache in seine eigene Natur, so daß ihm niemand ein Leid antun kann. Wie die königlichen Armeen, die gegen Napoleon gesendet wurden, bei seinem Herannahen ihre Fahnen hinwarfen und aus Feinden zu Freunden wurden, so verwandeln sich alle Schicksalsschläge, wie Krankheit, Beleidigung, Armut, in Wohltäter. Dieselben Wächter, die uns vor Unglück, Mangel und Feindschaft behüten, verteidigen uns, wenn wir wollen, vor Selbstsucht und Betrug. Riegel und Schlösser sind nicht die besten Schutzmittel, und Gerissenheit im Geschäftsverkehr ist kein Zeichen von Weisheit. Die Menschen leiden ihr ganzes Leben lang unter dem närrischen Aberglauben, daß sie betrogen werden können. Aber es ist den Menschen ebenso unmöglich, durch irgend jemand anderen betrogen zu werden, als durch sich selbst, wie es für ein Ding unmöglich ist, gleichzeitig zu sein und nicht zu

sein. Bei allen unseren Geschäften ist ein schweigender drit-
ter Zeuge zugegen.

Ein Fieber, eine Verstümmelung, eine grausame Enttäu-
schung, der Verlust des Reichtums oder der Freunde scheinen für den ersten Augenblick als unbezahlter und unbe-
zahlbarer Verlust. Aber der sichere Gang der Jahre enthüllt
die tiefe Heilkraft, die allen Ereignissen innewohnt. Der
Tod eines teuren Freundes, einer Gattin, eines Bruders,
einer Geliebten, der zuerst als ein bloßer Verlust erschien,
wird etwas später der gute Geist unseres Lebens, denn er
ruft gewöhnlich eine Lebenswende hervor, schließt eine
Periode der Kindheit oder der Jugend ab, die schon lange
auf ihren Abschluß wartete, bricht eine gewohnte Beschäftigung oder einen Haushalt oder einen bestimmten
Stil der Lebensführung ab und führt uns in Lebensbedingungen, die der Entwickelung unseres Charakters günstig
sind. Er ermöglicht oder erzwingt die Anknüpfung neuer
Beziehungen und die Aufnahme neuer Einflüsse, die für die
nächsten Jahre von der größten Bedeutsamkeit sind. Und
der Mann oder die Frau, die eine sonnige Gartenblume ge-
blieben wären, mit zu wenig Erdreich für ihre Wurzeln und
zu viel Sonnenschein für ihr Haupt, werden durch den Fall
der Mauern oder die Nachlässigkeit des Gärtners zu einem
heiligen Baum des Waldes, der allen Nachbarn weithin
Schatten und Frucht spendet. co

181. Das wahre Leben der Seele äußert sich mehr in dem,
was bloß gefühlt wird und unausgesprochen bleibt, als in
dem, was gesprochen und geschrieben wird. os

Quellen

Wolfgang Lorenz
Friedell und Emerson

Neben Egon Friedells monumentalem Hauptwerk, seiner *Kulturgeschichte*, führten seine Parerga, seine »Nebenwerke«, bisher ein Schattendasein – zu Unrecht, wie sich erweisen wird. Zwar ist vieles aus seinen kleineren Schriften in das Hauptwerk eingegangen, denn Friedell bediente sich einer nicht weniger ökonomischen als plausiblen Methode: Er vertrat die Ansicht, daß Gedanken, einmal vollendet formuliert, in einen anderen Kontext eingebracht, keiner erneuten – und dann wahrscheinlich weniger treffenden – Darstellung bedürften, also wörtlich übernommen werden sollten, weshalb er mit Vorliebe seine eigenen Schriften »plagiierte«. Es handelt sich um eine Art Methode der Mehrfachverwertung. In seiner *Kulturgeschichte der Neuzeit* finden sich Texte, die er über zwei Jahrzehnte zuvor verfaßt hatte. Und erstaunlicherweise: Auch der findigste Germanist wird schwerlich einen Stilbruch entdecken.

Zu Anfang des Jahrhunderts brachte Lothar Brieger-Wasservogel im Verlag Robert Lutz in Stuttgart eine Sammlung von Auswahlbänden zur Ausgabe, deren hochgestecktes Ziel in die »Neubelebung der Weltliteratur für die Gegenwart« gesetzt war, »von sachverständigen Schriftstellern liebevoll bearbeitet und mit einer wertvollen Einleitung versehen. Alle, die der Menschheit etwas von bleibendem Wert zu sagen hatten, sollen im weiteren Verlauf des Unternehmens in ihrem Besten und Eigensten zu

Wort kommen.« Er bedurfte keiner großen Überredungskunst, den damals in der zweiten Hälfte der Zwanziger stehenden Friedell für sein Editionsvorhaben zu gewinnen. Dieser fand sich erst am Beginn seiner Laufbahn: als Kabarettist, als vielseitig verwendbare Utilität auf dem Theater: »Ich habe den Unfug gründlich und von allen Seiten mitgemacht; im Theater, fürs Theater, übers Theater, was man will.« Als wichtige literarische Äußerung war in Buchform von ihm bis dahin nur seine Dissertation erschienen: *Novalis als Philosoph.* In der Zeit von 1906 bis 1910 publizierte er nun in dieser Reihe drei Werke: *Emerson* (1906), *Hebbel*[1] (1909), *Lichtenberg*[2] (1910). Die Wahl ist nicht zufällig getroffen, die Namen nicht zufällig gewählt. Sie stehen zu ihrem Bearbeiter in ziemlich genau bestimmbarem Verhältnis der Affinität oder des Kontrastes, gewiß nicht der Indifferenz.

Das Werk Emersons, des Mannes, von dem es heißt, er habe die geistige Unabhängigkeitserklärung Amerikas verfaßt, hat in Friedell, dem Erben eines absinkenden, zur Ruhe gehenden Zeitalters, schon frühe Spuren hinterlassen. Nicht nur seine Beschäftigung mit dem Werk Thomas Carlyles, der zu Emerson mancherlei Berührungspunkte – persönliche und geistige – besaß, hat ihn auf den Denker aus Concord gestoßen: Wie frischer Morgenwind waren dessen Gedanken in den Alten Kontinent gedrungen und übten allgemeine Faszination. Friedells Emerson-Ausgabe markiert einen Festpunkt in seiner schöpferischen Evolu-

---

[1] Unter dem Titel *Ergründe die Welt, und nicht die Bücher. Einfälle, Reflexionen, Beobachtungen,* detebe 22485, bei Diogenes erschienen

[2] Unter dem Titel *Dieses und Jenes. Aufsätze und Aphorismen,* detebe 21986, bei Diogenes erschienen

tion. Der »magische Idealismus«, der fruchtbare Gedanke des Novalis, den Friedell in seinem Opus Eins ausbreitet, findet in Emerson einen nicht weniger genialen als eigentümlichen Vertreter. Er hat ihn gleichsam in eine andere Tonart transponiert. »Unser Körper ist nichts als die gemeinschaftliche Zentralwirkung unserer Sinne. Haben wir Herrschaft über die Sinne, vermögen wir sie beliebig in Tätigkeit zu versetzen, so hängt es ja nur von uns ab, welchen Körper wir uns geben wollen. In dem Augenblick, als unser Denkorgan die Sinne in der Gewalt hat, können wir auch unsere Sinne nach Gefallen modifizieren und dirigieren. [...] Der Weg zur Verwirklichung des magischen Idealismus geht nach innen. Wenn wir die Gedanken nicht zu äußeren Dingen machen können, so sollen wir die äußeren Dinge zu Gedanken machen. Beide Operationen sind idealistisch, wer sie beide vollkommen in der Hand hat, ist der magische Idealist.« Diese Folgerung, die Friedell aus den »Fragmenten« des Novalis zieht, könnte genausogut aus dem Kreis der sogenannten »Transzendentalisten« stammen, jener Gesinnungsverwandten Emersons, deren Haupt er zwar nicht war – »einen Jünger habe ich nie gefunden« –, die ihm jedoch alle in einer geheimnisvollen Seelenverwandtschaft verbunden waren: der ebenbürtige Freund Henry David Thoreau[1], die Schriftsteller Margaret Fuller, Walt Whitman[2], Nathaniel Hawthorne, aber auch schon ins Pathologische gleitende Schwärmer wie Bronson Alcott, über den Emerson meinte, erst er habe ihm die »platonische

---

[1] Thoreau, *Über die Pflicht zum Ungehorsam gegen den Staat* (detebe 20063); *Walden oder Leben in den Wäldern* (detebe 20019)
[2] Whitman, *Grashalme* (detebe 21351)

Welt« so »solid gemacht wie Massachusetts«. Nachklänge an Emerson sind aus vielen Schriften Friedells herauszuhören. Sein Begriff vom Abendland, sein Europäertum definierte sich unterschwellig gewiß gegen Amerika, nicht gegen das Amerika Emersons, wie er es sich gewünscht hätte, sondern gegen das Amerika der uniformierenden Vermassung, der zivilisatorischen Gleichschleiferei, des ökonomischen Omnipotenzwahns und der Dominanz der geistlosen Materialismen, gegen Hollywood und Broadway, gegen Cowboykult und Behaviorism, einfach gegen den Hedonismus des »American Way of Life«. Wie nahe mußte er sich einem Intellekt fühlen, der verkündete, was Amerika hätte werden können und was es nicht geworden ist: die Botschaft von einem Leben befreit von den Fesseln und Ansprüchen der Gesellschaft, die Warnung vor den verderblichen Folgen der Zivilisation auf Kosten der Kultur, vor der Vernichtung der natürlichen Vielfalt an Menschen, Tieren und Landschaften. Amerika war ja noch so jung; es wäre Zeit in Fülle gewesen, die Spannungen zwischen den Forderungen der Zivilisation und den Notwendigkeiten der unberührten Natur auszugleichen. Auf ganz eigentümliche Weise wußte Emerson deren Stimmungen zu belauschen, ihr seine Seele zu öffnen, ihre Chiffren zu lesen, im Rauschen des Windes in den Zweigen und Wipfeln, im Tropfen des Wassers von den Blättern, im Schaukeln der Grashalme und Kornähren Gottes webende Hand zu entdecken. Dies aber gleichsam ganz objektiv, sozusagen naturalistisch, ohne je in Sentimentalität abzugleiten. Wie wenige trafen sich der Stadtmensch Friedell und der Mann aus den amerikanischen Wäldern in dem Vermögen zur symbolbezogenen Deutung der Natur, eine Betrachtungsart, die so gut wie gar nichts mit Naturschwärmerei im Sinne Rousseaus zu tun hat. Dessen Devise »retour à la nature« ist ein im Grunde kindisches Unterfangen, das eigentlich gerade heute wieder Gestalt gewinnt als Feier des bodenständigen Provinzialismus, ähnlich der Flucht der überfeinerten Rokokogesellschaft in die Schäferidylle. Wenn uns aber die Geschichte belehren kann, dann gewiß darin, daß sich im Werdegang der Menschheit nie etwas wiederholt, daß es ein »zurück« niemals gibt. Versucht man es, so mag das zwar für Momente gelingen, aber der Gegenschlag ist unausbleiblich. Auch die zerstörerischen Auswüchse unseres wissenschaftlich-technischen Zeitalters können nicht überwunden werden, indem wir zu vortechnologischen Zuständen zurückkehren, sondern einzig im Sinne des Auswegs, den Friedell weist: »Die Physik ist etwas, das überwunden werden muß und zwar – durch Physik.«

Die Schwäche seiner Zeit machte Emerson im Sinken der Religiosität aus, wahrer Gläubigkeit, die mit kirchlichem Formelwesen nichts gemein hat, und propagierte die Überzeugung, daß das Christentum von all denen falsch begriffen wird, die es für ein System von Dogmen halten: »Wofür starben Jesus und Paulus, wenn nicht dafür, daß Formen wertlos sind und daß nur das Leben wahrhaft fromm ist, das vollkommen gut ist.« – »Daß Formen wertlos sind«: der grundlegende Einwand Friedells gegen die Religion seiner Väter, den Mosaismus. Und wenn Emerson schreibt: »Die Dichter der Vergangenheit haben nichts erschöpft. Alle Menschen sind Dichter im Grunde des Herzens, berufen, ein neues Lied zu singen. Auch die Geschichte soll und kann immer neu geschrieben werden. Und endlich ist die Philosophie kein abgeschlossenes Buch; keine Philosophie ist die endgültige Wahrheit«, dann liest sich das wie ein Programm zu Friedells Hauptwerk. Er hat denn auch den letzteren Gedanken radikal zu Ende gedacht: In seinem brillanten Aphorismenbuch *Steinbruch* (detebe 21987) gibt er zu bedenken: »Alle gute Philosophie ist [...] eine Art von sublimer Selbstverhöhnung des menschlichen Geistes. Sie tut so, als ob sie etwas wüßte; und dennoch ist sie die einzige geistige Betätigungsform, die über die tiefe Relativität, gröber gesagt: die tiefe Unwissenheit alles menschlichen Denkens genau und bestimmt unterrichtet ist. Das ist der ironische Grundzug, das sokratische Element *aller* Philosophie, nicht bloß der sokratischen.« Seiner Generation weit voraus, hat Friedell das Grundgefühl der Moderne sehr genau erfaßt, denn unser Dilemma liegt wohl darin, daß wir zwar postulieren, aber im Ernst nicht mehr daran glauben können, daß die Welt von einem rationalen Prinzip bestimmt wird.

Friedell nennt einmal Lichtenberg einen »heimlichen Klassiker«. »Sein Mangel an jeglicher Einseitigkeit, Pedanterie und Trockenheit macht ihn für jedermann zugängig.« Er hätte das ebenso über Emerson sagen können und nicht zuletzt über sich selbst. Allen dreien war ein Menschentypus verdächtig, der das eigentliche Leitbild unserer Zeit ist – zu ihrem Schaden: der Fachmann, der Spezialist. Eine Spezies, die in dem Maße mehr von ihrem Fach begreift, als sie die Beziehung zu den übrigen Dingen des Lebens verliert. Jener angepaßte, eigentlich reaktionäre Menschenschlag, der über immer weniger Dinge immer mehr Wissen anhäuft. Weshalb Friedell erklärt: »Wer nichts weiß als sein Fach, der weiß gar nichts – und zwar auch für sein Fach nichts. Denn er muß ungeheuer viel mehr wissen, um die Lage, die sein Fach innerhalb des übrigen Wissensbetriebes einnimmt, einigermaßen feststellen zu können und allerlei Beziehungen auffinden zu können, an die vor ihm noch niemand gedacht hat, was recht eigentlich die Aufgabe des menschlichen Denkens und der Wissenschaft ist.« Fachleute leiden unter geistigem Platzmangel. Ihr Talent ist eine forcierte Teilbegabung, eine hypertrophierte Befähigung. Ihre Überlegenheit ist in Wahrheit eine Krankheit. Man nehme irgendein Lehrbuch oder eine wissenschaftliche Schrift zur Hand, und man wird nicht selten finden, sofern man erst den Respekt vor gehäuftem Tatsachenmaterial und Spezialdaten verloren hat, daß der Autor an Kombinationsgabe, Sagazität, Weiträumigkeit des Denkens, zu schweigen von stilistischem Vermögen, nicht einmal den Durchschnitt erreicht.

Ein Vorfahr Emersons wurde von seinem Bischof seines geistlichen Amtes enthoben: wegen »non-conformity« – Nichtanpassung. Non-conformity, ein Leitmotiv, das sich zu einem der zentralen Themen im Denken Emersons gestalten sollte. »Nichtanpassung« könnte auch eine mögliche Überschrift zu Friedells Biographie lauten: seinen ureigenen Weg gehen, unbeeinflußbar, seine Bestimmung erfüllen, niemandem verantwortlich als dem eigenen Gewissen, das aber unverbrüchlich, kompromißlos und mit höchstem Taktgefühl. Diese individualistische Ethik lebt aus einer Seelenhaltung, die ein religiöses Gefühl zum innersten Kern hat, in allen Dingen Gott suchend und findend in unendlichen Gestaltungen als die einzige Realität, ein Gefühl, vor dem zuletzt alle skeptischen Zweifel zu leicht wiegen, ein Gefühl, das ihnen beiden Eigenschaften verleiht, deren Koinzidenz nur höchst selten anzutreffen ist: das bruchlose Nebeneinander des schärfsten Kritikvermögens und der Fähigkeit zu verehren.

Obgleich die Bewegung, die von Emerson ausging, den Namen »Transzendentalismus« trägt, kann man nicht sagen, er sei im theoretischen Sinne philosophischer Idealist oder genauer: Phänomenalist gewesen. Denn der Name »Transzendentalismus«, zwar nicht unpassend gewählt, hat keinerlei Bezug auf Kants transzendentale Methode. Emerson machte sich nur wenig theoretische Gedanken. Er spricht intuitiv, ohne den Filter der Reflexion; er ist reiner Impressionist. Er besaß aber etwas, das Friedell das »transzendentale Organ« nennt, ein bestimmtes, man kann sagen angeborenes Wissen, das eigentlich in jedem tieferen Menschen wohnt, wenn es ihm oft auch nicht deutlich bewußt wird: daß uns das, was wir »Wirklichkeit« nennen, in keiner Weise zugängig ist, daß das, was wir als »Welt« begreifen, nur die Qualität eines Phänomens besitzt. Von daher kommt es, daß die Äußerungen Emersons, den man nur sehr selten lachen sah, von einer leisen, doch unüberhörbaren Ironie durchzogen sind. Allerdings wird diese eigentlich skeptische Komponente im Gleichgewicht gehalten von seinem unanfechtbaren Optimismus, den wir den typisch amerikanischen nennen, ein Lebensgefühl, das nicht erworben werden kann, sondern in der Persönlichkeit eines Menschen beschlossen ist, in dem, was Kant den »intelligiblen Charakter« nennt. Er steht auch hierin in weitläufiger Verbindung mit Friedell, dessen Heiterkeit und schlagender satirischer Sinn dem Wissen um die Vanität der Welt entspringt, der das Lachen zu einer Weltanschauung erhoben hat, er Friedell, der Nachkomme jenes alten Geschlechts, dem der Witz zu einer der vernichtendsten Waffen gegen seine Widersacher geworden ist.

Friedells Emerson-Übersetzung strebt, wie jede wirklich gute Übersetzung, keine Buchstabentreue an, sucht vielmehr den Sinn des Textes adäquat zu übertragen. Dabei versteht er, seinen eleganten Sprachstil soweit an Emersons gedrängten, partikelarmen Satzbau anzugleichen, daß davon etwas in der deutschen Übertragung spürbar wird. In jede Auswahl geht notwendigerweise etwas vom Geist des Bearbeiters ein – er hat seine Bevorzugungen, seine Abneigungen – das ist ihre Schwäche, aber auch ihr Charme. Dennoch: Das Streben nach Objektivität als dem regulativen Prinzip macht ihren künstlerischen Aspekt. Hebbel sagt darüber einmal sehr treffend, eine solche Aufgabe sei nur mit der eines Malers zu vergleichen, der ein Bild im verjüngten Format wiedergeben soll, ohne daß es in den engeren Dimensionen etwas Wesentliches verliert. Friedell hat diese Gratwanderung glänzend bewältigt. Es gelingt ihm mühelos, Emersons Denken und Charakter in seinen zahlreichen Facettierungen vor dem Leser auszubreiten, ohne das Gleichgewicht des Ideengehalts seiner Schriften zu stürzen, indem er nicht fragt, was bedeuten diese für *mich*, sondern was bedeuten sie für *sich*.

Es ist ihm dabei gelungen, trotz heterogenster Quellen, einen gleichsam kontinuierlichen Text zu gestalten, dessen

Teile einen gegenseitigen Sinnbezug aufweisen, und er beging nicht, was spätere Herausgeber Friedells eigenem Werk antaten, nämlich ein Potpourri der »schönen Stellen« zu kompilieren. Aber natürlich: Wir besitzen keinen objektiven Maßstab, der einen Bearbeiter legitimierte. Daher zählt im Grunde einzig seine geistige Physiognomie. Und das macht Friedells Bearbeitungen so anregend: daß hier eine unverwechselbare Persönlichkeit tätig wird, deren meisterliche Technik und eigene Sicht bedingen, damit ein Werk die Zeiten überdauere.

»Der Diogenes Verlag will durch lesbare
Literatur unterhalten, durch Neues
vor den Kopf stoßen, aber auch Altes neu
entdecken; das ›Neue um des Neuen
willen‹ übersehen und so das Modische
vom Modernen unterscheiden. So viel
wirklich Neues kann es gar nicht geben.
Echte Avantgarde, sagt Karl Kraus, ist
nichts anderes als der mutige Rückschritt
zur Vernunft – und an das Neue, das
nur aussieht wie das Alte, muss man sich
erst gewöhnen.«

DANIEL KEEL

Ralph Waldo
Emerson
Natur

Diogenes

Herausgegeben und aus dem amerikanischen Englisch
übertragen von Harald Kiczka
Mit einem Nachruf auf Emerson von Herman Grimm
160 Seiten
Auch erhältlich als eBook

Die 1836 erschienenen Überlegungen sind, neben den Schriften von Emersons Schüler Henry David Thoreau, bis heute der bedeutendste amerikanische Beitrag über das Verhältnis des Menschen zur Natur.

Auf **diogenes.ch/newsletter** erfahren Sie zuerst von Neuerscheinungen und Neuigkeiten unserer Autorinnen und Autoren.

Oder schauen Sie hier vorbei: